EVANGELICE CON DRAMAS

LIBRO 1

E. A. MONTOYA

NYC Harvest Publishers

Evangelice con dramas
Libro 1

Copyright © 2014 por E.A. Montoya
Todos los derechos reservados.
Derechos internacionales reservados.

ISBN: 978-0-9889010-1-8

Las citas bíblicas de esta publicación han sido tomadas de la Reina-Valera 1960™ © Sociedades Bíblicas en América Latina, 1960. Derechos renovados 1988, Sociedades Bíblicas Unidas.   Utilizado con permiso.

Ninguna parte de este libro puede ser reproducida en ninguna forma por medios mecánicos o electrónicos, incluyendo almacenaje de información y sistemas de reproducción sin permiso previo por escrito del autor.

Diseño de cubierta y formato: Iuliana Sagaidak (Montoya)
Editorial: NYC Harvest Publishers

CATEGORIA:
Religión / Ministerio Cristiano / Evangelismo

IMPRESO EN ESTADOS UNIDOS DE AMERICA
PRINTED IN THE UNITED STATES OF AMERICA

ÍNDICE

Aroma de Mirra 9

Nicodemo—un Hombre Nuevo 27

La Rebelión 50

Las Manos de Catalina 87

No Inmune (sketch) 122

Nota Introductoria

Los dramas escritos en este libro son una colección compilada durante muchos años de intenso trabajo y dedicación a la tarea dramaturga. Ellos ahora se comparten a la iglesia en el mundo hispano para su edificación y crecimiento; y tienen la intención de la evangelización en primer lugar, y la participación de los creyentes en segundo. La presentación de estas obras teatrales completas requiere preparación en varios aspectos, pero no requiere actores profesionales, aunque todo talento para la actuación, será, desde luego, bien apreciado. Es necesario, que cada una de estas obras se presente en un día especial en donde el drama ocupe toda la atracción. Otra recomendación importante es esmerarse en la preparación musical y efectos especiales de la obra.

Se permite la adaptación de estas obras, si fuese necesario, al entorno en que sean presentadas; tanto en los diálogos, los personajes y aún en la historia argumental misma, sin olvidar mencionar el nombre del autor y el nombre de quién realizó la adaptación.

Mi oración es que la gracia de Dios y la unción del Espíritu Santo, permitan que los objetivos de estos esfuerzos sean alcanzados para la gloria de nuestro amado Señor Jesucristo, a quien adoramos y servimos con todas nuestras fuerzas.

E.A. Montoya
Autor.

Descripción Breve

Aroma de Mirra: Un niño llamado por Dios para hacer un regalo especial al Mesías se enfrenta con obstáculos poderosos para su propósito. Luego descubre el verdadero significado de las palabras dadas por el Señor. (Duración aproximada 45 minutos).

Nicodemo– Un Nombre Nuevo: La historia ficticia fascinantemente seguida de Nicodemo, el personaje bíblico de Juan 3. (Duración aproximada 1 hora 30 minutos).

La Rebelión: Este drama de misiones está basado en la vida real. Trata de unos misioneros que van al África a predicar el evangelio. Ahí, las enormes dificultades que enfrentan hacen que David (el personaje principal) se rebele contra Dios. (Duración aproximada 1 hora 30 minutos).

Las Manos de Catalina: Se narra la historia de un hombre que, traicionado por su familia y azotado por una terrible enfermedad, es finalmente ayudado por un anciano misterioso, quien le da la clave para salvar su vida. (Duración aproximada 1 hora).

No Inmune: Este es un *sketch* preparado para presentarse en cualquier época. Ingeniosamente diseñado y en forma divertida, penetra en la conciencia del espectador, quien podría estar siendo atacado por alguno de los virus que son dramatizados. Como todo sketch, da flexibilidad para que el actor o actriz despliegue su talento para la improvisación. (Duración aproximada 20 minutos).

Agradecimientos

Mis más sinceros agradecimientos a todos los que de una forma u otra cooperaron en la realización y final publicación de esta obra literaria. Algunos de los primeros dramas estuvieron perdidos y fueron recuperados —casi milagrosamente— debido a la diligencia de mis hermanas Miriam y Keren, quienes los preservaron. Ésta fue otra de las buenas obras en memoria de mi hermana Miriam, quien además fue una actriz inigualable. Mi esposa Iuliana transcribió a un procesador de texto varios de los manuscritos originales que fueron rescatados. Ella invirtió, sin ser el español su lengua materna, literalmente cientos de horas en todos los pormenores en relación a la preparación del texto master, luego del formateo, diseño de los interiores y finalmente, de la portada.

Quiero agradecer a los cientos de actores que han sido parte de los proyectos de presentación de estas obras de teatro. Ellos han dado vida a los personajes y sus esfuerzos por favorecer la obra de Dios están escritos en los cielos. Hago mencion especial a las Iglesias Getsemaní de Garza González y Peniel de Santa Catarina, ambas en Mexico, por su valiosa colaboración. Pues para muchos de ellos, no se ha tratado tan sólo de una diversión, sino, como es realmente, un ministerio apreciado por el Salvador. Sólo en la eternidad sabremos lo que todos sus esfuerzos han significado.

E.A. Montoya
Autor.

AROMA de MIRRA

PERSONAJES

Nathan, niño o jovencito, personaje principal.
Ana, madre de Nathán.
Califa, soldado romano.
Pifas, soldado romano.
José, el esposo de María.
Zuriel, tío de Nathán.
Simeón, pastor de ovejas.
Forajido, uno que ataca a Nathán en su camino.
Zoar, pastor.
Set, pastor.
Mirta, hermana de Nathán
Sulia, amiga de Ana.
Mujer.
Narrador(a).
Ángel (en cuadro plástico).
María (en cuadro plástico).
Voz de Dios.

Escena I - Nathán y su Familia

Escenario: dentro de una casa típica judía de los tiempos de Cristo.

Dan: Hoy fui a la sinagoga, Ana.

Ana: ¡Cuéntame, Dan!

Dan: Es hermoso escuchar hablar a los rabinos de la Torá, la divina ley de Moisés. ¡Oh, Ana! Si yo pudiera entender todas sus letras, pero siempre he sido tan pobre de entendimiento para comprender las bellas palabras de nuestro Señor.

Ana: Más el Señor en su gran misericordia nos hace cada día ver su maravilloso plan. Dios tiene sus planes, Dan. Sí, Dios tiene sus planes y éstos se cumplen.

Dan: Es cierto lo que dices amada esposa mía… por ejemplo, jamás pensaría estar aquí, platicando contigo de estas cosas tan hermosas. Cuando yo te conocí, eras una mujer tan inteligente, tan educada y yo tan pobre… Ana, nunca pude comprender como una mujer como tú pudo fijarse en el humilde hombre que era.

Ana: Dan esposo mío, porque piensas en esas cosas. Tú siempre has sido un fiel seguidor de las promesas del Señor, eso es lo más importante para mí. Ahora has estado transmitiendo ese maravilloso espíritu a nuestro hijo y no sabes cuanto me gozo por ello ¡Mi corazón se llena de fe y de esperanza!

Dan: Sí, la esperanza del Mesías, de la promesa hecha por Dios a sus siervos los profetas. Él salvará la nación de Israel, él nos dará luz y gozo, él sanará nuestros corazones afligidos, él derribará a nuestros enemigos, el dará libertad a los oprimidos, el tomará el trono de David su padre. Pero lo más maravilloso es que él salvará a nuestro pueblo de sus pecados.

Ana: Pero, Dan, ¿será Rey?

Dan: Oh sí, mi amada esposa, él será el Rey más grande de la tierra, él ocupará el trono de David y dará sanidad a las naciones, su reino, no tendrá fin y su imperio será desde los confines de la tierra.

Dan: Ven acá Nathán, hijo mío, ¿has estado escuchando la conversación con tu madre?

Nathán: Sí padre, háblame más del Mesías, ¿nacerá en Jerusalén?

Dan: No, hijo, Jerusalén es la más hermosa de las ciudades y la capital de nuestro pueblo, pero no será allí donde nazca nuestro Rey, Él nacerá en Belén de Judea, el profeta Miqueas lo ha profetizado, y así será.

Nathán: Parece tan lejos de nosotros, ¿podríamos verle nosotros? ¿Podremos ver al Rey de Israel?

Dan: No creo, hijo mío, él será tan grande y tan glorioso que será difícil verle de cerca, más Jehová es amoroso y da a los que se deleitan en él las peticiones de su corazón. Créelo, hijo mío, cree, y espera en él, él hará lo que deseas.

Ana: Sus promesas son para siempre, y sus palabras jamás caerán a tierra sin cumplirse.

Ana: ¿Qué es ese ruido tan estruendoso, Dan?

Se escucha como un ruido de un cortejo de soldados.

Dan: ¡Al parecer es un cortejo de soldados romanos que embarcaran algunos presos!

Nathán: Yo combatiré contra ellos padre, yo rescataré a esos pobres esclavos...

Dan: ¡Estás loco hijo! ¡Eres muy pequeño, no sabes lo que dices!

Nathán: ¡Pero Padre, ya tengo 12 años!

Dan: Espera hijo, nuestro Mesías esperado, él nos librará del imperio romano.

Nathán: Yo formaré parte de sus ejércitos.

Dan: Nathán, hijo mío, tu padre es un perfumador y tú lo serás también. Yo te enseñaré todos mis secretos de este arte delicado.

Nathán: También puedo ser un guerrero, padre; uno que luche contra nuestros enemigos, yo ayudaré al Mesías a recobrar el Reino de Israel.

Dan: Hijo mío, serás lo que Jehová nuestro Dios quiera.

Mirta: ¡Padre! Padre, he visto entre los esclavos a mi tío Zuriel.

Dan: ¿Zuriel? ¡No! ¡Esos perros no tienen derecho! ¿Hasta cuándo Jehová? ¿Hasta cuándo? ¿Hasta cuándo tendrás misericordia de tu pueblo, hasta cuando te acordarás de tus dichos de liberación sobre tu nación Israel? ¿Estás segura de que es tu tío?

Mirta: Sí Padre, es él, me dijo que cuidaras de su familia y que redimieras a su esposa para que no pierda su heredad.

Dan: ¡Mi Pobre hermano Zuriel, Son unos cobardes usurpadores de nuestra tierra!

Mirta: Padre, hay algo más. Dice que soñó a Nathán, más no me permitieron los soldados hablar más con él y no supe en que consistía el sueño.

Nathán: ¿Hablo de mí, Mirta?

Mirta: Sí, sin embargo, jamás sabremos lo que soñó de ti, dijo que era algo muy importante, más el azote del verdugo casi le desmaya y le fue imposible seguir hablando.

Ana: Te traje un té, Dan, esposo mío, deja ese asunto que Jehová es justo y dará a nuestros enemigos la paga de su maldad.

Dan: Tienes razón Ana.

Nathán: Sé padre; Jehová me convertirá en un combatiente de los hombre malvados. Yo les daré su merecido. Sí yo seré lo que Dios quiera... sí, lo que Dios ha determinado conmigo.

Escena II - Encuentro de José con Dan, su Entrañable Amigo

Escenario: afuera, Dan está en el mercado, comprando algunas materias primas para el ejercicio de su oficio. Se escucha un poco de bullicio y hay gente pasando por todos lados.

Dan: *(cantando)* "Alzaré mis ojos a los montes, de donde vendrá mi socorro, mi socorro..."

José: ¡Dan, amigo mío, la paz de Dios es contigo! ¡Qué alegría volver a verte!

Dan: ¡José, amigo del alma! ¡Hermano! ¿Cómo estáis? ¿Qué cosas nuevas contáis?

José: ¿Sabes sobre los rumores del empadronamiento?

Dan: Sí, ¿será posible? Qué pensamiento de maldad es este. ¡Cuánto trastorno y muerte traerá, cuanta miseria y enfermedad se avecina, sólo el Santo Jehová nos puede librar! Por cierto, ¡eres hombre casado, algo supe!

José: Sí, Dan, el Señor me ha bendecido con la más bella de las doncellas. María además de ser hermosa, tiene un corazón más grande que el cielo.

Dan: ¿Además, es de tu linaje?

José: Sí ambos somos de la tribu de Judá, del linaje de David.

Dan: Entonces habrán de ir a Belén de donde es vuestro Padre el majestuoso Rey David.

José: Sí, es camino de varios días, pronto estaremos emprendiendo el viaje. Será difícil, pues María está en cinta.

Dan: ¡José! ¡Qué alegría! Maravilloso, te felicito, hermano *(lo abraza fraternalmente)*.

Dan: ...pero cuéntame, ¿dónde vivirán?

José: Hermano mío, esa pregunta no la puedo contestar ahora, sólo Jehová sabe donde habremos de habitar, pues...

Dan: Sabes que aquí en Nazaret hay mucha aceptación para tu oficio de carpintería.

José: Sí, es un oficio que apenas me alcanza para vivir.

Dan: Pues esas tenemos, tu hijo será carpintero y el mío será el mejor perfumador de toda la provincia sino es que de todo Israel.

Dan: Nathán, hijo, ven, *(en voz más baja)*. José, quiero que conozcas a mi hijo.

Nathán: Que deseas Padre, heme aquí.

Dan: Este es mi hijo Nathán, José, ¿es fuerte verdad? *(Le aprieta los brazos sin que sea demasiado fuerte)*.

José: Vaya que sí Dan, es tan fuerte como su padre, será un hombre bueno para el trabajo y el mejor de los perfumadores...

Nathán: ¿Señor, usted también cree en las promesas acerca del Mesías? *(Hay un pequeño silencio)*.

Dan: Discúlpalo José, es que últimamente hemos estado hablando mucho sobre esto y el niño esta impresionado.

José: No... No tengo que disculparlo. *(Dirigiéndose al niño)* Hijo, yo soy el mayor creyente de las promesas del Mesías sobre la tierra. *(Alza sus ojos al cielo y hay otro silencio breve)*. Yo soy el creyente más ferviente en el mundo entero.

Es el mismo escenario de la escena, el niño entra, dice su párrafo y sale corriendo.

Nathán: Es necesario que yo hable con mi tío antes de que le embarquen... ¿Cuál será el mensaje tan importante que quiere decirme? ¿Cuál será ese su sueño? Mi tío siempre ha sido una persona muy consagrada a Dios. Yo tengo que saber cuál ese mensaje. Quiero hablar con él.

Pero mis padres no estarán de acuerdo... es verdad, es peligroso, pero, puedo hacerlo, yo iré a donde él está.

Escena III - Profecía de Simeón sobre Nathán

Escenario: Nathán llega corriendo. El escenario es lo que se asemeja a una cárcel. Su tío (Zuriel) está encadenado y como dormido.

Nathán: Tío Zuriel, tío Zuriel *(habla en voz baja).*

Zuriel: Que, ¿qué pasa? ¿Quién me busca? *(Se despierta sorprendido).*

Nathán: Soy yo tío, soy Nathán.

Zuriel: ¿Nathán? ¿Qué haces aquí, hijo? ¿Cómo lograste entrar?

Nathán: Logré burlar la guardia tío, necesito hablarte...

Zuriel: Eres muy valiente, Nathán. Pero esto es una locura, tus padres deben estar muy preocupados. Vete, hijo, te pueden descubrir y no saldrás vivo de aquí, vete, hijo.

Nathán: Tío, por favor, no me dejes ir sin antes decirme lo que viste en el sueño.

Zuriel: Oh, te refieres al sueño que le intenté contar a tu hermana, pues sí que debes saberlo, hijo, más las palabras que te voy a decir debes guardarlas en tu corazón para tiempos futuros y mostrar fidelidad para Jehová nuestro Dios. Pues él tiene algo maravilloso para tu vida.

Se cierra el telón. Atrás del telón:

Narrador (a): El justo tío Zuriel comenzó a narrar al joven Nathán lo que Dios le había mostrado en el sueño; y su narración fue con palabras tan exactas y expresivas, que Nathán pudo imaginar cada detalle. Él pudo ver con los ojos de la imaginación lo que su tío había visto en el sueño.

Se abre el telón, hay humos para asemejar un sueño, está el Profeta Simeón con las manos en alto y Nathán está postrado ante el profeta con las manos también hacia el cielo.

Simeón: Nathán, eres pequeño y tierno aún, más la mano de Jehová está sobre ti y el amor del altísimo sobre tus lomos. Has sido visto con agrado delante del Todopoderoso. Él enviará al Mesías prometido, al Emmanuel, al Dios con nosotros, y será llamado Admirable, Consejero, Dios fuerte, Padre Eterno, Príncipe de Paz y tú le verás hijo mío; y acontecerá que tú le darás el mejor regalo que tu vida puede dar y le servirás en tus días, tu nombre será escrito en las puertas del cielo y será tenido por memoria en los siglos venideros para gloria del que vive por siempre. Tu rostro verá en breve al gran Rey, su diestra te bendecirá y su favor te dará la entrada a su santo sitio.

Nathán: Es maravilloso tío Zuriel, que palabras tan más bellas, yo le daré ese regalo, el mejor regalo que pudiera darle.

Zuriel: Bueno hijo, ahora sí, vete, vete Nathán, hijo mío, no corras más riesgo aquí, que tu padre me demandará tu vida y mi alma no me perdonaría el retenerte un minuto más.

Nathán: Gracias tío, mi familia y yo te amamos y estamos rogando por su vida.

Zuriel: Te digo que te vayas ahora.

Nathán: Sí tío. *(Apresurándose a retirándose).*

Escena IV - Nathán en el Camino

Escenario: Es en el campo, a campo abierto.

Nathán: Ir a la montaña, ¡si eso es! Haré para mi Mesías el más fragante de los perfumes, ese es el mejor regalo que puedo ofrecerle. ¡Más debo apresurarme! El día es avanzado, debo regresar a casa, no tengo mucho tiempo.

Forajido: Niño, ¿quién eres? Y ¿qué haces aquí?

Nathán: Me llamo Nathán Señor, soy hijo de un comerciante de un pueblo en Judea, y voy a subir a la cumbre de esa montaña *(apunta la montaña)* porque ahí hay nardo, Señor, prepararé un perfume e iré a adorar a mi Mesías.

Forajido: Ya lo sé, es para tu padre, ya lo sé. Tu Padre lo vende a un alto precio en el mercado ¿no es así? Oh, ya lo sé tú eres rico niño, tu padre puede pagarme bien por ti.

Nathán: ¿Cómo? es usted ladrón, ¿verdad?

Forajido: Sí, soy el más cruel de los delincuentes y tú serás mi rehén.

Nathán: ¡Claro que no! Jehová es mi pastor, nada me faltará en lugares de delicados pastos me hará descansar, junto a aguas de reposo me pastoreará, confortará mi alma me guiará por sendas de justicia por amor de su nombre, aunque ande en valle de sombra de muerte no temeré mal alguno, porqué tu estarás conmigo, tu vara y tu cayado me infundirán aliento, aderezas mesa delante de mí en presencia de mis angustiadores, unges mi cabeza con aceite mi copa está rebozando, ciertamente el bien y la misericordia me seguirán todos los día de mi vida y en la casa de Jehová moraré por largos días.

A medida que él va diciendo en salmo, el forajido que intenta atraparle se va paralizando poco a poco hasta que cae a tierra hincado, se levanta poco a poco y al terminar dice:

Forajido: ¿Cómo es que has logrado hacer eso conmigo? No lo comprendo.

Nathán: Mi Dios es real y es el Todopoderoso, señor.

Forajido: Sí que es realmente poderoso tu Dios, amigo, cómo me gustaría conocerle también yo.

Nathán: ¿Puede acompañarme a conseguir el nardo que necesito para mi regalo?

Forajido: ¿Regalo? Bueno... Sí, niño, yo te ayudaré a conseguir ese excelente regalo para el nuestro Mesías.

Nathán: Ese será el mejor regalo que yo puedo darle.

Se escucha el balido de un rebaño de ovejas y dos pastores de ovejas se aproximan.

Zoar: Oh, son ustedes forasteros, no le había visto por estos lugares.

Set: Sí estos lugares son poco frecuentados, hay ocasiones que pasan meses antes de que alguien pase por aquí. ¡Paz a vosotros!

Sinar: Es verdad Set, ¿qué hacen ustedes en estos lugares tan distantes de la ciudad? Aquí solo estamos nosotros y nuestras ovejas, estamos tan olvidados de los demás, es como una voz desde el desierto que nadie escucha, y aunque nosotros somos los protagonistas de ciento de leyendas que se cuentan en la ciudad, nosotros creamos las nuestras. ¡Paz a Vosotros!

Forajido: ¡Paz a vosotros! Así como ustedes son cuidadosos de sus ovejas, el Señor lo es de sus hijos, mis nobles hermanos.

Zoar: ¡Sí, somos nosotros privilegiados al ser avisados del acontecimiento más hermoso sobre la tierra!

Sinar: ¡Qué maravilloso, hermanos míos! Hoy para Israel es el esplendor de los tiempos, es la hora de la bondad de Jehová, pues al fin escuchó nuestras oraciones y vemos que la salvación de nuestro pueblo está cerca.

Forajido: Pero ¿qué es?

Set: El nacimiento del Mesías prometido. Hubo un ángel del cielo que descendió y nos dio la noticia: "Os ha nacido hoy en la ciudad de David el Salvador de vuestro pueblo Israel", fue maravilloso escuchar la voz angelical. Más nosotros al verle nos postramos como muertos, más él nos dijo: "Os traigo nuevas de gran gozo". ¿Será posible? A nosotros humildes pastores...

Sinar: ¡Sí! ¡Es Increíble, hermano mío! Que el Rey, el hijo de David, el Mesías prometido, sea mostrado a los hombres más humildes, pobres e ignorantes como nosotros que siempre pensamos que habría de nacer en un palacio, entre riquezas...

Zoar: Es motivo de gran alegría, y ahora nos dirigimos a ver al que regirá como Rey de nuestro pueblo, al niño envuelto en pañales que nos anunció el ángel del Señor.

Set: Pueden ustedes acompañarnos y verán la gloria de Dios en su rostro.

Forajido: ¡Iremos! ¡Sí! Iremos a adorar al niño que ha nacido en Belén, más es necesario acompañar primero a este niño pues le he prometido hacerlo y que tendrá para Él el mejor regalo de su vida.

Nathán: ¡Si señores pronto estaremos junto con ustedes adorando al niño que habrá de redimir a nuestra nación!

Zoar: Pues pronto les veremos, nobles forasteros.

Forajido: Sigamos nuestro camino Nathán.

Nathán: Sí, Señor, sigamos.

Escena V - Nathán y los Malvados Soldados

Escenario: la escena se desarrolla en el campo, se necesitará una luz para asemejar la gloria de Dios.

Forajido: Es mucho el esfuerzo que se ha hecho para obtener tu regalo, será el mejor de los regalos que reciba nuestro Mesías. ¡Este perfume aromático debe valer una fortuna!

Nathán: Sí así es, me parece poco el regalo para la gratitud y alegría que siento, más será lo mejor que puedo dar, así cumpliré la profecía.

Aparecen dos soldados romanos en escena, Califa y Pifas. Empiezan a aventar y molestar a nuestros héroes.

Califa: Mira nada más, Pifas, un tierno niño con su Padre, que bonito cuadro, ja, ja, ja.

Pifas: Oh si Califa, es un ejemplo para la sociedad.

Califas: Pero mira la mirada del niño, no parece la más dulce de la tierra... ja, ja, ja.

Pifas: Son de esos religiosos judíos, seguro le está enseñando su ley rara. Ja, ja, ja.

Califas: Será que hablan sobre ese ser misterioso que llaman Mesías.

Pifas: Ja, ja, ja, ¡qué le va a libertar venciendo a nuestro poderoso Cesar!

Califas: ¡Oh, sí! ¡Claro! El libertador bajado del cielo.

Pifas: Por Zeus, que tontería, ja, ja, ja.

Califa: Pifas, Pifas, ¡mira que tenemos aquí! ¡Qué tenemos aquí! *(Arrebatándole al niño la botella de perfume).*

Nathán: No, No, no toque eso, ¡regrésemelo!

Forastero: ¡Dáselo, eso no es tuyo!

Pifas: Presta acá Califa, que es eso, oh, es bebida, es licor... ¡Qué belleza! *(Lo intenta beber, pero posteriormente lo escupe con brusquedad).*

Pifas: ¡Qué porquería es esta! *(Avienta el frasco y lo quiebra, derramándose el contenido).*

Forastero: ¡Qué has hecho tonto!

Al decir esto se abalanza a los soldados y estos lo empiezan a golpear, uno de ellos (Califa) saca una daga y lo mata.

Pifas: ¡Qué has hecho!

Califa: Anda, es un pobre judío.

Pifas: Exageras, vayámonos de aquí antes de que alguien se dé cuenta.

Para esto Nathán se aproxima prontamente y empieza a llorar sobre el cuerpo, los soldados corren y dejan al niño solo llorando sobre el cuerpo de su amigo. Para un instante se ve una luz y empieza hablar la voz de Dios.

Voz de Dios: Nathán, hijito mío, he visto tu corazón, que desde tu temprana edad has preferido honrar mi nombre, te has esforzado por mí y por mi causa. He visto tus obras y tu corazón tierno. He aquí yo pongo espada en tu mano para derribar y levantar, para trastornar y derrotar, para dar libertad en el nombre de mi Santo Hijo Jesús. Dame hijo mío tu corazón y miren tus ojos por mis caminos.

Nathán: ¡Dios mío, no soy digno de ver tu gloria, solo soy un niño!

Dios: No digas soy niño porque a todo lo que te enviare irás tú, y dirás todo lo que te mande. No tengas temor del futuro que estoy contigo.

Nathán: Dame hijo mío tu corazón, dame hijo mío tu corazón...eso es, ¡mi corazón! *(Se tiende sobre el cuerpo y después alza sus ojos al cielo con las manos en alto).*

Nathán: Yo he comprendido que eres un Dios todopoderoso, que escuchas a tu pueblo afligido, mira ahora Dios mi afrenta y considera mis palabras, este pobre, mi amigo, ¿Por qué habría de encontrar la muerte en mi búsqueda sin sentido?

Dios de poder, yo he oído tu voz y tu gloria, demuestra ahora a tu humilde siervo tus palabras y da a este pobre ser la vida para que pueda honrar tu nombre y adorar al niño de nuestro gozo y a el hombre de nuestro perdón y salvación, al unigénito hijo del pacto sempiterno y escuche la voz de Dios en los montes de la tierra.

Si he hallado gracia en tus ojos, cumple ahora tu palabra

dada a tu siervo en cuanto a que tú me pones para derribar y levantar, ahora en el nombre de Jehová de los ejércitos y de su ungido, el Santo Mesías, a quien todo ser viviente merece adoración. Ordeno al espíritu de este hombre volver.

En ese momento se escucha una música solemne y Nathán le toma de la mano y le levanta.

Forastero: *(emocionado, con mucho fervor, alzando sus manos a cielo)* Gracias Padre de la Gloria, Gracias por la vida que me devuelves, Gracias por tu hijo Jesús que es la salvación de todos los pueblos de la tierra; ahora puedo tener la oportunidad de entregar mi corazón a Jesucristo, el hijo de Dios, la imagen del Dios invisible, el primogénito de toda creación, por quien fueron creadas todas las cosas, visibles e invisible, pues todo fue creado por medio de él y para él. Él es digno de que le demos nuestro corazón, nuestra vida y le adoremos.

Entran Pifas y Califa.

Pifas: Te digo que tenemos que enterrar el cuerpo…

Califa: Oh, no, no… *(Se asusta al verle vivo y se hincan los dos e intentan adorarle).*

Pifas: ¿Qué pasa? oh, ¡por Apolos!

Pifas y Califa: Tú eres un dios.

Forastero: *(levantándolos)* Adora a Dios y su ungido el cual ha nacido en Belén de Judea, él me ha devuelto la vida, de al que vosotros me habían privado y ahora pueden vosotros también pueden ser testigos del poder que se ha operado en mí para que viendo estas maravillas crean en el Salvador que ha nacido en Belén.

Califa: Pues ahora entendemos que la vida viene del cielo en su hijo, lo que fue motivo de nuestra burla ahora es nuestra salvación.

Pifas: ¿Señor, cómo podemos nosotros adorarle no siendo de su raza?

Forastero: Nuestro Dios ha amado al mundo sin distinción de raza, ni de color y ha enviado a su hijo unigénito para que todo el que crea en él tenga vida eterna en su nombre.

Califa: ¡Pues nosotros queremos ir también a adorarle!

Nathán: Vamos a adorar al Rey que ha nacido en Belén.

Escena VI - Ana y su Amiga

Escenario: la escena se desarrolla dentro de la casa, donde está la madre del niño, que consideran perdido, su padre fue con algunos hombres a su búsqueda.

Sulia: ¡Ana! ¡Ana! Le hemos buscado por todas partes. ¿Será que no le hallaremos más?

Ana: ¡Por favor! ¡No digas tonterías, que mi hijo está vivo y con bien! Yo sé que él está bien.

Sulia: ¿Qué puede darte tanta seguridad? ¿Qué puede evitar que no sientas la angustia que yo sentiría en un momento así? Será que yo era madre de dos hijos y cuando uno de ellos fue muerto por los soldados romanos, lloré hasta mojar mis vestiduras. Cuanto duele perder un hijo, cuanto duele hallarle muerto.

Ana: Aún y con tus palabras hirientes y llenas de pesimismo e incredulidad yo puedo confiar en que él está vivo y mi Señor Jehová le guarda de cualquier peligro, él está en las manos del altísimo, es una ovejuela de su precioso rebaño, la diestra del todopoderoso lo sostiene y su bien le abraza y le enternece. Mi Señor salva, el rescata del lazo del cazador, cubre con sus manos de amor y debajo de sus majestuosas alas los que habitan bajo su abrigo estarán siempre seguros, aún sus ángeles manda que les guarden y sus caminos les muestra.

Sulia: ¡Oh, Tus palabras! ¡Tus palabras! ¡Son de la mujer más llena de fe que conozco! La luz que pasa a través de tus ojos… aun siendo densa obscuridad tú le transformas en la luz del mediodía.

Créeme que te admiro, te admiro Ana, eres una gran mujer de la que tu marido puede sentirse orgulloso y yo aunque me resisto a creer por mi corazón lleno de pecado y de aflicción, puedo ver naciendo un rayo de fe que raya por los parajes obscuros de mi alma.

Ana: *(tomándole de las manos firmemente más con ternura)* Sulia, tu vida puede cambiar, habéis leído las palabras del profeta Isaías: "Venid a mí, dice Dios, si vuestros pecados fueren como la grana, como la nieve serán emblanquecidos, si fueren tan rojos como el carmesí, vendrán a ser como blanca lana"

Sulia: Si… *(empieza a sollozar)* quizá… quizá pueda creer cuando el Mesías venga a reinar.

Ana: ¡Pero Sulia! ¡Ya está con nosotros! Y nosotros hemos visto su gloria, gloria como la del Cristo, el hijo de Dios, lleno de gracia y de verdad. Él es quien ha llenado mi corazón de dulce fe y sobre los llanos verdes y deleitosos de su fidelidad me regocijaré.

Sulia: ¡Maravilloso! ¡Tus palabras han inundado mi alma y no soporto más! Siento que la barrera de incredulidad en mi corazón ha sido derivada. Sí, creo en el Mesías y quiero ir adorarle ahora. Dime donde está, Ana, Dime donde está.

Ana: En Belén de Judea, yo puedo llevarte, estoy segura de que mi angustia maternal será disipada porque ahí veré a mi hijo Nathán.

Sulia: Conforme a tu fe será hecho. La fe que ha contagiado mi corazón hará que encuentres a tu hijo, mujer bienaventurada.

Ana: Vamos. Vamos a adorar al Mesías anhelado, porque aún si perdiera a mi hijo, sé que su amor me salva de cualquier quebranto y al ver su rostro comprendo, que el Señor es la razón de mi existencia. ¡Sea el nombre de Jehová Bendito!

Escena VII - La Desesperación se Desvanece

Dan: ¡Hey! Mujer, busco a mi hijo, es un niño como de 12 años, viste una túnica de colores. ¡Es mi hijo, por favor, si usted sabe, dígame donde está!

Mujer: Calmase, hombre, Déjeme pensar un poco... Sí, le he visto. Iba con tres hombres y dos de ellos al parecer son soldados romanos.

Dan: ¡Oh, Dios!

Mujer: Pero no se aflija, porque les oí cantar alabanzas a nuestro Dios...

Dan: ¡Cantando alabanzas!

Mujer: Más eso no es todo yo les escuché que iban a Belén de Judea, porque iban a adorar al Mesías.

Dan: ¡Adorar al Mesías! Mujer. Dios te Bendiga, Iré hacia allá. Dios ha escuchado mi oración, mi hijo ha sido librado de toda maldad y su pequeño corazón saltará de gusto al ver a Jesús el Cristo.

Cuadro Plástico

En el cuadro plástico se encuentran: José. María, el niño Jesús, los dos soldados romanos, los dos pastores, el forajido, la hermana de Nathán, Nathán (abrazado de sus padres) y un ángel.

Narrador (a): Así sucedió como la familia de este perfumador de oficio tuvo un encuentro con el Salvador de su alma. La Palabra de Dios dice. "El que busca haya" y ellos encontraron la sanidad y liberación de su corazón al permitir que Jesús entrara en sus vidas para ser el Señor de todo su ser. Nathán, ya mayor, se convirtió en un fiel discípulo de Jesucristo y le sirvió todos los días de su vida.

Ese es el galardón de creer y esperar en sus palabras, Él dará a su tiempo lo prometido. Porque su palabra es para Siempre.

Quiera Dios que un alma sedienta como la de alguno de los personajes de esta historia venga a beber a la fuente de agua viva del Salvador del mundo. Pues sólo en Jesucristo encontraremos la paz y seguridad que nuestra vida necesita. En sus dulces brazos nos tomará y curará las heridas de una vida fría, triste y sin sentido fuera de Él, para dirigir nuestros pasos hacia el cielo bajo su palabra de vida eterna. Atendamos pues sus palabras de vida al decir: "Venid a mí los que estén trabajados y cargados que yo os haré descansar".

El mejor regalo que Él pide de nosotros es, pues no podemos darle más, nuestro corazón. Puede nuestro corazón estar vacío, sin fuerza y lleno de pecado, más Dios lo recibe para lavarlo en la sangre preciosa de su hijo Jesús. Porque Él salva al mundo de todo pecado.

Fin de

"Aroma de Mirra"

Nicodemo un hombre NUEVO

PREFACIO

Existían en los tiempos de Cristo varias sectas que reflejaban la inquietud religiosa de su tiempo. Éstas estaban conformadas por al menos tres principalmente: Una era la de los *fariseos*; sujetos recios y exagerados, observantes de la religión judía que perseguían el crédito de la gente, su alabanza y su respeto a costa de lo que fuera. La segunda era la de los *saduceos*, sujetos tan estrictos en la observancia de la ley como los mismos fariseos, sólo que los saduceos no creían en la resurrección de los muertos y por esta causa no solían juntarse con los fariseos. El último grupo que menciono son los *escribas*, de igual condición que los dos anteriores sólo que les distinguía ser transcriptores fieles, rigurosos y minuciosos de la palabra de Dios.

Nicodemo, el personaje principal de esta historia, debía pertenecer a alguno de estos grupos, aunque la Escritura no lo detalla. Lo que sí podemos suponer es que fuera parte del selecto grupo de judíos miembros del Sanedrín. El Sanedrín era un organismo político-religioso compuesto por setenta hombres de juicio y de gran entendimiento cuya función era deliberar sobre los temas más importantes de la nación, sobre todo aquellos que tuviesen algo que ver con la religión de los judíos.

Allí fue, en ese ambiente de sabiduría y riqueza bíblica, pero a la vez de hipocresía y religiosidad fundada en valores que no agradaban a Dios, donde vivió Nicodemo. Ese era su mundo, ese era su ir y venir cotidiano.

NOTA INTRODUCTORIA

Los tiempos de Cristo eran tiempos de profunda hambre espiritual. Lamentablemente, la gente tenía que conformarse con un alimento adulterado. La venida de Cristo era urgente, era indispensable. La humanidad necesitaba al Mesías, estaba al borde de la catástrofe, el pueblo de Dios estaba al punto de la perversión –de llamar a lo bueno malo y a lo malo bueno– y no sabemos que habría sucedido si Cristo, nuestro querido Salvador, no viene al mundo en la plenitud de los tiempos.

En medio de esta época en donde algunos buscaban con desesperación a Dios, estaba Nicodemo; pero él no entendía, el plan que Dios tendría para su pueblo. Era un hombre piadoso que tenía la esperanza de tener un verdadero y genuino encuentro con Dios, pero como en nuestros días, no sabía cómo tenerlo. No sabía cómo encontrar al Dios de que hablaban las Escrituras que tanto leía (aunque sin entender). Su mente estaba en tinieblas y caminaba en este mundo a tientas con fe en algo que no había entendido, pero que creía que sería lo más correcto. Nicodemo es como muchos religiosos de nuestros días que desean conocer al Dios de la Biblia e intentan entender las Escrituras, pero sus intentos son vanos porque como bien dijo el Apóstol Pablo: "El hombre natural no comprende las cosas que son del Espíritu…".

Cuando Nicodemo en su búsqueda angustiosa y desesperada, por fin encuentra al Salvador, es entonces cuando su vida cambia por completo. Cuando se topa con el Cristo de la gloria, con el Mesías prometido, su vida se ve transformada y sus dudas se disipan, ahora si puede entender las Escrituras, ahora encaja la pieza que estaba faltando para comprender todo el rompecabezas. Cristo mismo le muestra el camino, Cristo mismo en forma personal le predica acerca de Él mismo, de su plan, del plan de salvación para la humanidad. Nicodemo cree, Nicodemo por fin entiende las palabras de Cristo y se convierte en un hombre que nace de nuevo.

PERSONAJES

Coat, pastor de ovejas.

Samuel, pastor de ovejas.

Nicodemo, (personaje principal).

Remuel.

Dr. Gamaliel.

Dr. Josué.

Niño Jesús.

María.

Narrador (a).

Bartimeo, ciego que fue sanado por Jesús.

Ex-endemoniado.

Dr. Judas.

Juan el Bautista.

Mujer.

Juana.

Heralia, demonio en la visión de Nicodemo.

Raciosa, demonio en la visión de Nicodemo.

Pernicina, demonio en la visión de Nicodemo.

Fausta, demonio en la visión de Nicodemo.

Diablo.

Escena I – Nicodemo con los Pastores

Escenario: la escena se desarrolla en un yermo de palestina.

Coat: ¿Sabes a donde fueron nuestros amos? Que desconsiderados, acaso no se dan cuenta que estamos desprotegidos en este desierto lleno de peligros. *(Se escuchan los aullidos de los lobos).* ¡Uh! me dan miedo esos aullidos tan tétricos… el mismo Señor lo dice: "El pastor cuida de las ovejas, las lleva por pastos verdes…" ¿Cómo es que nos dejaran morir en medio de esta terrible obscuridad?

Samuel: No te preocupes, pero ¿no te diste cuenta del anuncio del ángel y de la necesidad apremiante de correr presurosos rumbo a Belén?

Coat: ¿Qué anuncio? ¿Qué ángel?

Samuel: Cuando estábamos acurrucados todos en la cumbre del monte, vimos una luz que descendía del cielo. Cuando nuestros amos la vieron se espantaron de tal manera que cayeron como muertos, sin embargo, mantuvieron sus oídos expectantes y sus ojos en suspenso para enterarse de qué sería aquello.

Repentinamente en medio de la luz que iluminaba la cumbre del monte en que estábamos recostados, apareció un ángel que decía: "Os traigo nuevas de gran gozo que serán para todo el pueblo, que en la ciudad de David ha nacido hoy un Salvador que es Cristo el Señor," y no sólo esto, sino que apareció con el ángel una multitud de las huestes celestiales que alababan a Dios y decían: "Gloria a Dios en las alturas y en la tierra paz y buena voluntad para con los hombres".

Coat: No te creo, Samuel, un ángel… ¡Va! Y ¿quién es ese niño del que hablan?

Samuel: Tu incredulidad te matará más que cualquier desierto peligroso, más que las fieras de la vida, más que las tormentas en la mar, más que los terremotos en casa sin cimien-

NICODEMO—UN HOMBRE NUEVO

to. Tu incredulidad es infame y denigrante, es temible, es desafiante, acaso ¿quieres que venga de nuevo el ángel y te lo anuncie a ti sólo? ¡Te reprendo por eso! No sólo eres cobarde sino también incrédulo, sí que el Señor aparta de su presencia a los incrédulos, jamás estará en su presencia quien no cree a su palabra...

Coat se queda pensativo y avergonzado. Entra Nicodemo.

Nicodemo: Paz de Jehová, el Dios de Israel, pastores valientes y esforzados que tantos peligros atraviesan todos los días. ¿Qué noticias tenéis entre ustedes que puedan compartir con este humilde siervo del altísimo?

Coat: Nosotros no somos los pastores de este rebaño.

Nicodemo: ¿Acaso lo hurtasteis? ¿Son ustedes samaritanos? *(Con gran asombro).*

Samuel: Sus expresiones denotan que sois religioso, mi Señor.

Nicodemo: Sí que lo soy, yo amo mi religión, la religión que me heredaron mis padres, la ley de Moisés. Nosotros somos hijos de Abraham y seguidores de Moisés, si vosotros sois samaritanos terminemos esta conversación de una vez. *(Y hace señal como de irse).*

Coat: No somos samaritanos, pero que si lo fuéramos ya os hubiésemos golpeado, sois bastante pedante, el que es intruso y parecería como ladrón sois vos, ¿Qué estáis haciendo a esta hora en este lugar?

Nicodemo: Perdonad mi actitud. Mi celo de la religión y de la ley me hace actuar así, ofrezco una disculpa y os explicaré que voy de paso por este camino, voy a Jerusalén, después de atender algunos asuntos importantes en Hebrón, pero creo que estoy realmente perdido.

Samuel: ¡Nada será más importante que ir a adorar al niño que ha nacido es esa tierra de David!

Nicodemo: No entiendo tus palabras, no sé de lo que me habláis, yo soy Nicodemo, un hombre que es candidato a ser parte del parlamento Hebreo, el Sanedrín, el cuerpo legislativo y defensor de los asuntos de estado de Israel. No he adorado a nadie más que a Dios, ¿cuál es ese nuevo Dios del que me hablan? a ningún ser humano adoraré sino a Dios, os creí que eras realmente judíos pero parece que me han engañado y vosotros sois realmente samaritanos *(con enfado).*

Samuel: No señor, no somos samaritanos sólo somos humildes siervos de nuestros señores los pastores que hemos visto las grandezas de Dios al enviar hoy al mundo al Mesías, al Salvador del mundo. Nosotros hemos sido testigos de su gloria y hemos oído el anuncio y alabanza angelical, nuestros ojos lo han visto y nuestros oídos pueden testificar.

En eso llegan otros de los pastores, que vienen glorificando a Dios.

Voces de los pastores: ¡Gloria a Dios, gloria a Dios, Cristo a nacido en Belén, el Mesías prometido anunciado por los profetas!

Coat: Amo, yo estuve cuidando de sus rebaños esperando pacientemente, estuve dispuesto a enfrentar a las más terribles fieras por salvar lo que es vuestro.

Remuel: Que importan las ovejas después de la maravillosa experiencia que he tenido esta noche al conocerle. Que importa el mundo entero después de ver con mis ojos el niño que nos es dado, el que viene con el principado en su hombro ¡realmente he nacido de nuevo!

Samuel: ¿Qué encontró amo, que encontró en ese poblado de Judea?

Remuel: Es indescriptible Samuel, no anunció su precioso mensaje entre los potentados ni los reyes de este mundo, sino nos anuncia la salvación a nosotros, que somos humildes caminantes de estos desiertos. Encontré la salvación de mi alma, con su nacimiento encontré un nuevo nacimiento.

Nicodemo: ¡Nacido de nuevo! Que cosas tan extrañas decís... ¿Qué es esa palabrería que sigo sin entender? ¿Acaso es algo que atente contra mi religión?

Remuel: Queremos anunciarte noble señor, aunque no os conozco ni se quien sois, que el Salvador Jesús a Nacido en Belén, Él es el Mesías, el Hijo de Dios, el Redentor de Israel. Yo he visto su esplendor y la refulgencia de su estrella oriental. He sentido la presencia de Dios llenando el pesebre en donde nació, gloria del bendito de Israel. Su nombre es Emmanuel, Dios con nosotros, su nombre es Consejero y Príncipe de paz, su nombre es Admirable y Padre Eterno, Dios Eterno su poder nos librará y su ministerio nos traerá perdón de pecados.

Nicodemo: ¡Cómo os atrevéis a decir semejante cosa! ¡Mesías un niño! ¡Hijo de Dios! ¡Un hombre que perdona los pecados! ¡Son vosotros unos blasfemos! *(Nicodemo rasga sus vestiduras).*

Escena II - Jesús Adolescente, más Sabio que los Doctores

Escenario: la escena se desarrolla en el interior del templo, por lo que el escenario deberá estar de tal forma que se asemeje al templo judío.

Dr. Gamaliel: "...voz del que clama en el desierto, preparar el camino del Señor..." Sí que la gente es ignorante en nuestros días Josué, no entienden nada sobre nuestra tan amada ley de Moisés, realmente esta generación me apena; apenas si saben que hoy es día de sacrificio. Aunque debo confesar que hay cosas que aun no entiendo *(habla con jactancia).*

Dr. Josué: Si, nosotros somos doctores en la ley de Moisés y la pobre gente apenas si sabe leer y muchos ni eso. ¿Es que no hay nadie con el que podamos hablar y discutir de nuestra ciencia? Toda la gente es tan torpe e ignorante, es tan vana e inculta que no habla sino cosas superfluas, sin sentido, sin razón *(habla con jactancia).*

Dr. Gamaliel: Vaya, Josué tienes razón, pero aun sabiendo tanto de la ley, ¿no te parece que la letra no nos satisface?

Dr. Josué: ¡Gamaliel! que estáis diciendo, ¿acaso no amáis la ley de nuestro maestro Moisés que nos dio a conocer la ley de Dios, el Todopoderoso, el Adonai, el Yahvé?

Dr. Gamaliel: Claro que la amo, y la estudio día y noche como nadie en este país, pero creo que se ha vuelto como palabra muerta para mí, ya no es vivida por nadie y no se personifica en ningún profeta de Dios que nos traiga la luz y esperanza que hay entre sus líneas. Tal parece que Dios nos ha dado la espalda y sus profetas nos ha negado. Si... la profecía escasea... ¡Cómo no vivimos esos tiempos en que Dios hablaba a través de Isaías, de Jeremías, de Zacarías!

Nicodemo: No vivimos en esos tiempos porque también les habríamos matado.

Dr. Josué: ¡Nicodemo! Que tonterías dices, ¿acaso no les tendríamos por maestros y ejemplo de todo el pueblo, no les honraríamos como a reyes y les daríamos el mejor pan de todo Israel?

Nicodemo: No lo creo, Josué, esta generación en tan mala y tan perversa como aquella. Es tan sanguinaria y tan cruel, es igual de asesina. Si hubiésemos vivido esos tiempos seguramente también alzaríamos nuestra mano contra ellos.

Dr. Gamaliel: Hijos míos, sí que necesitamos un profeta que guíe a nuestro pueblo y que lo saque del yugo de Roma y nos dé la libertad como la que tuvieron nuestros padres después de salir de Egipto.

Niño Jesús: Y los sacó con brazo fuerte, los alimentó en el desierto de noche y de día, los defendió del maligno y los cubrió como la gallina cubre sus polluelos. Pero ellos se revelaron, el pueblo de Dios ha sido rebelde y no han entendido el amor de su Dios, les ha amado con amor eterno pero ellos no han querido escuchar, sino que se rebelaron en el desierto. "Por cuarenta días estuve disgustado con la nación" –dice el Señor– pero ahora Dios envía a su profeta que prepara el camino del Señor para su Señor.

Dr. Gamaliel: Pero si es un niño, ¿sabes lo que estás diciendo, niño? ¿Sabes que estás hablando con los doctores de la ley de más renombre en todo el país de Israel?

Niño Jesús: Si señor, lo sé, sé que ustedes saben mucho sobre la ley pero que no saben sobre cómo aplicar la ley y desean un profeta que les muestre el camino.

Dr. Josué: *(dirigiéndose a Gamaliel)* ¿Cómo sabe este niño estas cosas, si no escuchaba nuestra conversación?

Niño Jesús: Pero dice la palabra de Dios: "Voz del que clama en el desierto, preparad el camino del Señor" y claramente da a entender que habría un profeta que prepararía el camino para el advenimiento del Mesías prometido, del Salvador que tanto necesita la nación de Israel.

Los doctores mientras Jesús hablaba buscaban ansiosamente en los libros de la ley de los profetas que traían con ellos.

Nicodemo: Niño, no sabemos de dónde has venido; pero, dinos ¿dónde dice esto?

En ese momento uno de los doctores besa el libro y lo da al niño Jesús, el cual lo desenrolla y encontrando la cita lo da a Nicodemo.

Nicodemo: ¡Por Jehová el Dios de Israel! *(Se para y se separa un poco del grupo).* Es verdad, doctores de la ley y de los profetas. ¡Es verdad! ¿Cómo fue que lo encontró? ¿Cómo fue que él si no pudo entender y yo, que llevo tanto estudiando la ley, no lo había comprendido?

Dr. Gamaliel: *(saltando de su asiento y corriendo con entusiasmo, arrebatando el rollo a Nicodemo y lo ve también)*

¡Por favor, Nicodemo tu eres aún un aprendiz comparado conmigo, yo sí que llevo toda la vida tratando de entender estas palabras y hasta ahora las he podido entender!

Todos: *(viendo al Niño Jesús fijamente dicen al mismo tiempo:)* ¿Quién eres tú?

María: Es un niño malcriado. Malcriado y desordenado doctores, por favor, les ruego que lo disculpen y a mí también por tener poco cuidado con él siendo su madre. *(Y dirigiéndose al niño dice:)* Jesús, ¿por qué no nos seguiste en el grupo, no sabías que estaríamos preocupadísimos por ti? Tu padre y yo estuvimos muy angustiados buscándote, y al ver que no te encontrábamos estábamos al punto de la desesperación. Pero habla niño, que tienes que decir al respecto.

Niño Jesús: *(con tranquilidad)* ¿No sabíais que en los negocios de mi padre me conviene estar?

María: *(con cara de asombro)* ¿Cómo dices? ¡Dios mío! Las palabras del profeta, el ángel, Salvador, Mesías, Emmanuel, Jesús. *(Esto lo dice en voz baja, como acordándose de lo que había vivido recientemente).*

Dr. Josué: Mujer, noble mujer hija de Dios y de nuestro amado pueblo, no os angustiéis por tu hijo, que el tal es un regalo de Dios. Es un enviado del Señor que nos ha hecho entender las cosas más intrincadas de la ley, que nosotros con tanta sabiduría y tantos tiempos de estudio no podíamos entender. No sabemos cómo es que éste niño tan pequeño sepa todas estas cosas pero creemos que será un hombre grande en Israel y habrá de poner en alto el nombre de nuestra nación.

María: Su nombre es Jesús, nobles señores y mi esposo y yo hemos cuidado de él con esmero como digno de...

Niño Jesús: Mujer, ahora aún no es tiempo.

Nicodemo: Lo que sí sabemos es que ha abierto nuestros ojos y quisiéramos saber quién ha sido su maestro.

NICODEMO—UN HOMBRE NUEVO

Dr. Gamaliel: Sí, mujer, dinos quien fue su maestro, *(retirándose del grupo)*. Vamos, pero yo siempre había creído que era el mejor maestro de Israel y ahora resulta que hay otro que es mejor que yo *(hablando duro a María)*. Pero que cara de espanto tenéis, díganos, ¿quién es el maestro de este niño? nos gustaría discutir con él estas cosas que dice su alumno.

María: Dios mismo es su maestro.

Todos: *(con gran admiración)* ¡Cómo!

Nicodemo: ¡Cómo que Dios en persona le enseña a este niño estas cosas! Nadie ha visto a Dios jamás *(con enfado)*, nadie puede ser enseñado por Dios mismo, sólo el gran Moisés fue quien recibió de Dios las tablas de la ley, mismas que fueron escritas por el dedo de Dios.

Dr. Josué: *(con voz alzada, con enojo)* Qué cosas tan extrañas dices mujer, ¿eres una sectista?

Niño Jesús: los saduceos y fariseos hablan de si hay o no resurrección, pero yo sé que nadie resucitará ante Dios sino antes no ha nacido de nuevo.

Nicodemo: ¿Dónde escuché yo eso antes? *(Pensativo)*. ¡Escuchad! Este niño ha dicho algo que retumba en mis oídos, no lo entiendo, pero sé que algún día podré entenderlo, sé que podré entender el significado de esas palabras. Bien lo dice el escritor sagrado: "De la boca de los niños fundaste la alabanza". Hay cosas que los hombres maduros y sabios no podemos entender, toda nuestra sabiduría no nos alcanza. Pero Dios en su infinita bondad algún día nos habrá de enseñar.

Dr. Gamaliel: Nicodemo, tú siempre con esa hambre de sabiduría, tendrás la meta de ser algún día como yo.

Nicodemo: Sois el mejor de los maestros en Israel, oh Gamaliel, pero algún día quisiera ser como este niño.

Palabras tras el telón:

Narrador: A la edad de 30 años Jesús empezó su ministerio. Fue bautizado por Juan en el Jordán y el Espíritu Santo estaba con Él para hacer grandes milagros y maravillas. La fama de Cristo se extendió por toda Judea y por todas las provincias que le rodeaban. Era tanta la fama de Cristo que las multitudes le seguían. Los ciegos veían, los cojos andaban, los sordos oían, los muertos eran resucitados y los pobres llenaban de gozo sus corazones con la esperanza del evangelio.

Narrador: Los ciegos veían.

Ciego Bartimeo: "Jesús, Hijo de David ten misericordia de mí…"

Jesús: ¿Qué quieres que te haga?

Narrador: Los cojos andaban.

Cojo: "Señor, no hay quien me meta al estanque."

Jesús: ¿Quieres ser sano?

Narrador: Los endemoniados eran libertados, como el endemoniado gadareno.

Ex-Endemoniado: "Señor, yo te seguiré a donde tu vayas...".

Narrador: Y Jesús predicaba diciendo:

Jesús: "El que cree en mí como dice la escritura de su interior correrán ríos de agua viva."

Narrador: Los fariseos estaban furiosos.

<u>Importante:</u> en este coloquio de frases y narración brevísima, se escucha la voz de quien habla y hay una música de fondo para cada situación.

Escena III - El Sanedrín

Escenario: la escena se desarrolla dentro del aposento en donde el Sanedrín trataba sus asuntos. Debe haber, además de los que hablan en la escena, otras personas que asemejen el jurado (éstas murmuran, y hacen gritos de exaltación en todo el transcurso de la escena.

Dr. Josué: Nicodemo, por favor, no sé por qué lo defiendes tanto, este hombre es un blasfemo. Acaso no le has escuchado decir que Él ha visto al Dios Todopoderoso.

Dr. Gamaliel: Josué tiene razón, nosotros estuvimos a punto de apedrearlo en una ocasión por haber blasfemado diciendo que Él era antes que Moisés... *(Hace una breve pausa como meditando).* Por cierto parecía haber una fuerza tan grande que nos impidió matarlo, una fuerza tan grande que pudo contener el odio y rabia de la gente.

Dr. Judas: Es el poder de Belcebú, Gamaliel, no hay otra explicación. Nicodemo dice que un hombre común no puede hacer estas cosas, y tiene razón, pero si es un blasfemo, entonces no queda más remedio que decir que su poder viene del diablo.

Dr. Gamaliel: No creo que sea tan grave... pero también habla con las samaritanas y eso es denigrante para un ciudadano judío.

Dr. Josué: Y no sólo eso... come con los publicanos y pecadores. ¿No oísteis que comió con el tal Zaqueo, un hombre depravado y ladrón? Sí, un ladrón porque roba a nuestro pueblo, es un maldecido, una bestia, un traidor que no merece nuestra tierra. Si no fuera por esos sucios romanos ya lo hubiera destrozado con mis propias manos. Pero que comer en su casa... eso es una salvajada.

Nicodemo: Pero no sabes tú que este hombre está regenerado y que devolvió todo lo robado en cuatro tantos. El hombre que ustedes constantemente acusan es quien le cambió.

Dr. Judas: No sé por qué actúas así, tú deberías estar con nosotros, eres un miembro honorable del Sanedrín y debes estar orgulloso de pertenecer a este selecto grupo, seguro eres también seguidor de ese hombre que ha traído confusión a nuestra tierra.

Nicodemo: No estoy seguro... pero veo sus obras...

Dr. Gamaliel: Nicodemo, es imperdonable ¿qué estás diciendo? tus dudas me ponen nervioso, ¿qué no te das cuenta que ese hombre es nocivo para nuestra nación? Es una amenaza de la paz pública, de un momento a otro tomará hombres y armará una revuelta y la sangre se volverá a derramar. Es mejor que muera uno y no que muramos todos al ser acusados por Roma de subversión en contra del imperio.

Dr. Judas: ¡Esos asquerosos romanos! ¡Nada más eso nos falta, que el tal Jesús se proclame como Rey de los Judíos! Ja, ja.

Dr. Josué: Y todo Israel ira tras él... cómo no... Pero si tiene poder para destruir nuestro glorioso templo y levantarlo en tres días. ¿No puede destruir también a los romanos opresores? Ja, ja *(en son de burla)*.

Dr. Gamaliel: Es verdad, también le oí decir que dio de comer a cinco mil personas, pues que nos salve del yugo de Roma y que nos dé de comer. Ja, ja.

Dr. Judas: Pero ¿quién es ese hombre? Yo le conozco, sé que su padre es José, su madre María, conozco a sus hermanos, conozco a toda su familia. Pero, Josué, Gamaliel, Nicodemo, honorables miembros de este gran Sanedrín, no es nadie, esa familia es pobre y sin educación, yo mismo le vi trabajar construyendo yuntas para los bueyes.

Nicodemo: ¡Basta! ¡Basta ya! El Sanedrín es un cuerpo honorable, y sus decisiones deben ser justas y conforme a la palabra de Dios. No es justo que se derrame sangre ni de uno ni de nadie. Debe haber alguna solución, este hombre no contradice la palabra de Dios y tenemos que oírlo, tenemos que ver hasta dónde llega su andar, lo que es de Dios permanece, lo que no es esfumado.

Dios hará encima de lo que nosotros pensemos, decidamos o actuemos su voluntad y su palabra no puede ser quebrantada. Nunca. Nunca podrá ser quebrantada.

Escena IV - Nicodemo Palpa el Milagro

Un viento recio golpea la puerta y ventanas de la casa de Nicodemo, éste está estudiando con gran esmero las sagradas escrituras, sentado en un escritorio, estudiando y meditando. Hace frío.

<u>Escenario:</u> *la escena se desarrolla en el interior de la casa de Nicodemo, debe haber una cama y una mesa grande y ligeramente inclinada en donde está un rollo del libro de la ley.*

Nicodemo: *(leyendo)* "Y pondré mis leyes en sus corazones y en sus mentes las escribiré... y jamás me acordaré de sus pecados y transgresiones..." [Jeremías 31:34]. *(Ora en voz alta, poniéndose de pie)* "Señor hasta cuando habré de entender estas palabras, cómo es que pondrás tus leyes en nuestros corazones, y ¿dónde quedará la ley que diste a tu siervo Moisés? ¿cómo es que lo harás? ¿cómo penetrarás en el corazón duro como piedra de tu pueblo Israel que por siglos y siglos no ha podido honrarte y tu nombre alababa solamente de labios?

Nosotros hemos matado tus profetas y hemos hecho cosas horripilantes ante tus ojos, ¿cómo harás que te amemos realmente? ¿Cómo escribirás tus mandamientos en nuestro corazón? ¿Quién nos llevará a ti?

(Continúa leyendo:) "He aquí yo he puesto en Sión por fundamento una piedra reprobada, angular de cimiento esta-

ble; el que creyere no se apresure" [Isaías 28:16]. *(Sigue orando:)* ¿Quién es Señor? ¿Quién o qué es esa piedra de cimiento estable?

(Sigue leyendo:) "El Espíritu de Jehová está sobre mí, porque me ungió Dios, me enviado a predicar buenas nuevas a los abatidos, a vendar a los quebrantados de corazón, a publicar libertad a los cautivos, y a los presos apertura de la cárcel". [Isaías 61:1] ¡El Mesías! ¡Eso es, el Mesías! Pero, ¿cuándo vendrá? ¡Señor, envía por favor al Mesías! *(gritando con fuerza, y sigue diciendo:)* "Señor envía a tu Mesías…" *(Hasta que cae rendido en su cama, y empieza a soñar.)*

Niño Jesús: Pero dice la palabra de Dios: "Voz del que clama en el desierto, preparad el camino del Señor" y claramente da a entender que habría un profeta que prepararía el camino para el advenimiento del Mesías prometido, del Salvador que tanto necesita la nación de Israel.

Pasa, dice su frase y se retira, y luego entra Juan el Bautista y luego la mujer.

Juan El bautista: ¡Arrepentidos que el reino de los cielos se ha acercado!

Mujer: "Señor, sé que tú eres un profeta de Dios y he venido para ser bautizada por ti. Por favor, Juan, bautízame porque tengo muchos pecados, he sido pecadora y perversa, maté a mi último marido, son fraudulenta y mentirosa, pero me arrepiento, *(llorando se inca, gritando, "me arrepiento, me arrepiento")* ¿Tú eres el Mesías?

Juan El bautista: Yo sólo soy de quien dijo el señor: "Voz del que clama en el desierto: Preparad camino para el Señor; enderezar calzada en la soledad a nuestro Dios" [Isaías 40:3]. No hija, el que viene tras mí es el que es más poderoso que yo, es el Mesías, que ha bajado del cielo a quien no soy digno de desatar sus sandalias. Yo bautizo con agua pero él os bautizará con Espíritu Santo y fuego.

NICODEMO—UN HOMBRE NUEVO

Mujer: ¿Quién es, señor? quién es para que crea en Él...

Tocan fuertemente a la puerta. Son la hermana y sobrina de Nicodemo, cuando empiezan a tocar, Juan y la mujer se retiran.

Juana: Ábrenos Nicodemo, ábrenos rápido por favor.

Nicodemo: *(sobresaltado)* ¿Qué pasa? ¿Quién es? ¿Quién se atreve a molestarme a esta noche?

Abre la puerta y entran las dos mujeres.

Juana: *(gritando emocionada)* Mira mi hija, mírala...

Al mismo tiempo que entra la niña, la ve asombrado.

Nicodemo: Pero, hija, que te ha ocurrido, ¡Dios mío! *(La abraza con vehemencia).*

¡Dios santo! Cuéntame Juana, por favor ¿qué le ha pasado a la niña? ¡Está libre, está sana! ¡Señor poderoso! Déjame mirarte hija *(la ve unos instantes)*. Señor Jehová... Sus ojos son nítidos, sus ojos, su rostro... ha regresado... ¡Juana! ¡Ha regresado! cuéntame... cómo fue que mi sobrina fue libertada de los demonios que tenía, apenas hace dos día que la vi rasgándose las vestiduras e hiriéndose, revolcándose en el polvo y blasfemando... Hija mía...

Juana: Nicodemo, tú tienes que conocerle, tienes que verle, mira lo que hecho por mi hija, mira Nicodemo es mía, ha vuelto, hermano mío. Yo creía que moriría, pero ha vuelto a nacer. No creía que fuera a recobrarla nunca. No, estaba casi resignada a perderla... Y esos demonios que la atormentaban, era espantoso ver a mi hija que se azotaba a causa de los espíritus inmundos *(llorando muy emocionada).*

Nicodemo: Pero no me dices que ocurrió, ¿De quién me hablas que tengo que conocer? Juana, dime por favor que soy capaz de darle todas mis riquezas.

Juana: Nicodemo, Él no quiere tus riquezas, quiere que tú nazcas de nuevo y le entregues tu alma, Cristo Jesús nos ama, mira lo que ha hecho por mi hija.

Nicodemo: *(asombrado)* Juana... Sí, Jesús de Nazaret, sí, lo he visto, lo he visto de lejos, que anda rodeado siempre de multitudes. La gente de Él dice cosas maravillosas, que los cojos andan, que los ciegos ven, que los sordos oyen, que los mudos hablan. Pero nunca creí que yo pudiera tener también una experiencia así con uno de mis amados.

Merari: Sí tío, yo no supe cómo, pero oí la dulce voz de Jesús que me hablaba tiernamente. Luego le oí con una voz que parecía como de un río caudaloso. Una voz de mucha autoridad que dijo a esos demonios que me ataban: "Salgan de ella ahora". Sólo dijo eso, tío, y al instante quedé en el suelo, tirada como si no tuviera aliento, pero el dulce Jesús con ternura me tomó de la mano y me dijo: "hija, eres libre."

Yo abrí los ojos, miré mis manos, miré mis pies. Y sentí un gozo profundo y me vi libre, libre completamente, tío, ya no estoy encadenada por esos demonios, estoy en mi juicio. Después pude ver a mi madre que me abrazada llorando, que me hablaba con emoción y sin cesar me acariciaba. Pude reconocerla, y mírame ahora, estoy completamente libre por su palabra.

Nicodemo: Tengo que verle, tengo que hablar con ese Jesús del que me hablan. ¡Sí tengo que verle y le veré ahora!

Juana: Nicodemo, no te parece que podría ser impropio ir al maestro en la noche, por qué no esperas a la luz del día... Ha, se me olvidada, tu orgullo, el orgullo religioso, no quieres que los demás te vean, no quieres que se den cuenta que Nicodemo, el miembro del Sanedrín, habla con el que los fariseos llaman blasfemo y le quieren matar.

Nicodemo: *(sin hacer caso de lo que dijo Juana)* Tengo que irme, tengo que ver a Jesús ahora mismo.

Juana: Déjame ir contigo, yo quiero verle también.

Nicodemo: Tengo que ir solo, tengo que verle, hablaré con Él, tengo muchas preguntas que hacerle y ahora al ver este milagro tan maravilloso con mi sobrina... ¡Hija! *(La vuelve a* *mirar).* Es increíble, Dios mío, ¿es este varón el Mesías que tú has prometido? *(Alzando los ojos al cielo orando:)* ¿tiene este acontecimiento relación con el sueño que tuve esta noche?

Señor, hazme entender, hazme comprender tu palabra, quiero entender lo que tú me quieres decir, me quiero rendir a ti, muéstrame el camino. Muéstrame el camino...

Nicodemo toma su capa y sale de inmediato, apresurado.

Juana: Señor, haz a mi hermano nacer de NUEVO.

Escena V - Lucha para Llegar a Cristo

Escenario: la escena se desarrolla al aire libre, en el bosque, es de noche y hace frío. Se oyen las aves nocturnas y el soplo del viento; Nicodemo va presuroso pero es detenido por cuatro mujeres que llevaban un féretro. Estas mujeres hablan como ancianas.

Heralia: ¿A dónde vas Nicodemo?

Nicodemo: ¡Santo Dios! ¿Quiénes sois vosotras? ¿Qué hacéis a estas horas de la noche con ese ataúd?

Raciosa: Vamos a enterrar a nuestro muerto, no podemos permitir que pase más tiempo en nuestra casa, huele muy mal, apesta, Señor Nicodemo.

Fausta: Sí, queremos limpiar nuestra casa y terminar nuestra pena y dolor después de enterrarle, por ello nos urge hacerlo, quizá tu nos puedas ayudar, nosotras sólo somos cuatro mujeres débiles que no tienen fuerza ya. ¿No es una pena que no tengamos quien nos ayude a enterrar a nuestro muerto?

Pernicina: Sí estamos a punto de terminar nuestro luto y duelo, pero no podemos solas con este cuerpo tan pesado; y está un poco descompuesto ya, tenemos que enterrarle enseguida, ayúdanos Nicodemo.

Nicodemo: No entiendo... ¿Cómo saben mi nombre? Yo no puedo ayudarles porque tengo algo importante que hacer. Realmente sería un placer ayudarles pero tengo que apresurarme, porque voy a ver a un Rabí muy importante, voy a ver a Jesús...

Todas: ¡No menciones ese nombre! *(Ellas se estremecen y claman con fuerza).*

Fausta: Nosotros pronto le destruiremos, pronto le dominaremos para apropiarnos de las almas, como la de este muerto que llevamos a enterrar. Como la de este muerto que llevamos al mismo infierno.

Nicodemo: Dios mío, ¿quiénes sois vosotras?

Heralia: No importa quienes somos nosotras sino lo que hemos de ser en el reino del jefe, él nos tiene un lugar preparado para nosotras si cumplimos bien nuestra misión. Nada podrá evitar que cumplamos nuestra misión y no creías que tú te escaparás.

Nicodemo: ¿A qué os referís?

Pernicina: Oh, gran Nicodemo, eres sabio en gran manera, eres maestro de la ley, enseñas en la sinagoga e ilustras al pueblo con tu sabiduría, pero tú eres nuestro. Tú eres nuestro, Nicodemo y te tendremos hasta que ocupes el lugar de este hombre que llevamos dentro de este ataúd.

Fausta: Sí, te mentimos, realmente este hombre murió hace algunos minutos y nosotros tenemos orden de llevarlo a enterrar. No tenemos duelo, sino más bien es un placer. Es un placer enterrar a los muertos espirituales cuando mueren físicamente y no tienen más oportunidad de creer en...

Raciosa: Calla... Qué nombre ibas a mencionar... ¿Nos quieres torturar a nosotras? ¡Torturándote a ti misma! Nicodemo, es necesario que vayas con nosotras porque tú también estas muerto y queremos que veas cual va a ser tu destino eterno. Ya que no creerás que ese Rabí al que tú vas a ver te va a librar. Ja, ja, ja. *(Ríen todas).*

Nicodemo, ven y ayudarnos, no podemos solas, necesitamos a un hombre fuerte como tú.

Eso me hizo recordar algo... Fue espantoso, fue escalofriante... tan a gusto que estamos nosotras cuatro. Era su cuerpo pequeño y frágil, tan débil, tan manejable, tan delicado. Pero cómo nos fuimos a topar con el Hijo de Dios, al que nos desechó del cielo... ¿por qué? ¿Por qué?

Pernicina: Sí, fue aterrante escuchar esa voz de autoridad. Me gustaba como sufría su madre al ver cuando la azotábamos, y su tío lloraba... Sí es una hermosa niña, una pequeña joven que cautivábamos, pronto acabaríamos con su vida, faltaba poco, pero nuestros planes fueron frustrado...oh, mis oídos, no resisto recordar sus palabras, no nos quedó más remedio que huir, tuvimos que huir de su presencia porque nos quemaba... nos estaba atormentado antes de tiempo. Oh Nicodemo, Merari... Merari...

Nicodemo: Dios mío, ustedes son... mi sobrina... Merari! *(grita mencionando largamente el nombre de su sobrina).*

En ese momento rápidamente sale el personaje que estaba adentro del féretro, es el diablo, habla con voz escalofriante y muy gruesa, es preferible que esté grabada.

Diablo: Son ellos, Nicodemo... Son ellos los demonios que poseían a tu sobrina y tú serás la próxima morada...

En ese momento, Nicodemo cae al piso, rendido y aparece la luz de Cristo y se escucha la voz de autoridad del Señor.

Jesús: ¡Dejadlo, ahora mismo, fuera de aquí de inmediato!

Escena VI - Nicodemo Viene a Jesús

<u>Escenario:</u> *la escena se desarrolla en el bosque, es de noche, tan sólo una luz tenue, aunque suficiente para que se aprecie bien la escena y lo que ocurrirá allí.*

Jesús: Nicodemo, ¿has venido a buscarme?

Nicodemo: Rabí, sabemos que has venido de Dios como maestro, porque nadie puede hacer las cosas que tú haces si no está Dios con él y yo sé que tú tienes la respuesta para mi ansiedad y temor. Yo sé que tú sabes lo que puede saciar mi corazón y hacer resucitar mi alma marchita.

Jesús: Nicodemo, ya te he hablado de diferentes maneras, pero no has podido entender, es necesario Nicodemo, que tu nazcas de nuevo.

Nicodemo: ¿Nacer de nuevo? Esa es una frase que he escuchado varias veces: primero a un pastorcillo de Belem y luego a un niño que conocí en el templo, después mi hermana me repitió la misma frase; pero Señor, no entiendo que quiere decir ¿Cómo es posible que un hombre como yo, siendo viejo, pueda volver al vientre de su madre y nacer?

Jesús: Lo que es nacido de la carne es carne, pero yo te hablo de nacer de nuevo espiritualmente. No te preocupes acerca de cómo será esto. El nuevo nacimiento es como el viento, que no sabes de dónde viene ni a donde va, pero escuchas su sonido. Esto es lo que sucede con los que nacen de nuevo, ellos no saben cómo se opera, pero pueden estar seguros de que existe; porque quien experimenta el nuevo nacimiento puede sentir que éste se ha dado en su corazón, aún aunque no lo entiendan.

Nicodemo: Pero Señor Jesús, ¿cómo puedo yo nacer de nuevo?

Jesús: Nicodemo, tu eres un religioso prominente del pueblo de Israel, pero no sabes cómo es el mundo espiritual ni conoces a Dios. Dios, mi padre, amó tanto al mundo que me envió para que todo aquel que crea en mí tenga la vida eterna, porque no me envió mi Padre al mundo para condenarle sino para salvarlo, quien quiera recibirme en su corazón, quien quiera tenerme como su Señor y Salvador tiene vida eterna. El que me recibe a mí al Padre recibe y vendremos a él y haremos morada en su corazón. Quien confiese que yo soy su Señor y Salvador tendrá la plena seguridad de que ha nacido de nuevo y se habrá convertido en un hijo de Dios. ¿Crees esto?

Nicodemo: Si, Señor, yo he visto y oído tus maravillas y ahora realmente creo que tú eres el Hijo de Dios que ha venido al mundo para Salvar a los pecadores. Por favor perdona mis pecados, te reconozco como mi Señor y Salvador personal. Señor Jesús quiero seguirte desde hoy, te entrego mi vida, te entrego mi corazón.

Fin de

"Nicodemo - un Hombre Nuevo"

La RebelióN

un Drama de Misiones

PERSONAJES

David, el misionero europeo al África.

Marcela, la misionera europea al África.

Elías, el pastor que sostiene su ministerio.

Ayudante de Jefe-sacerdote, personaje fiero que custodia el lugar en donde está el Jefe-Sacerdote.

Jefe-sacerdote, personaje oscuro de la historia, fiero, astuto y dominado por Satanás.

Guardia 1.

Guardia 2.

Carlos, el misionero americano al África.

Mahotura, (niño) un chico africano.

Grace, la misionera americana al África.

Bruja.

Partera.

Raquel Froy, la hija de los misioneros europeos.

Dorita, la amiga de Raquel Froy.

Mahotura Shegei, el mismo niño Mahotura pero adulto.

Lufta, una ex-bruja convertida al evangelio.

Voz de Dios.

Tres niñas, para una participación de alabanza.

Escena I - El Llamamiento

Escenario: la escena uno se desarrolla en la sala de la casa. El lugar debe estar decorado a la usanza de la época (esto es, principios del siglo XX); asimismo, ellos tienen que vestir a tono con lo que se vestía en ese entonces.

David aparece en escena orando, con las manos al cielo. Ora con mucha expresión.

David: *(con voz suave y firme)* ¡Señor! ¡Gracias! ¡Gracias Padre! Como la lluvia tardía a la tierra árida ha sido tu Palabra a mi corazón. ¿Soy algo caso? ¿Digno de la atención del que habita en lo inaccesible de las glorias eternas? Pues ¿Qué es el hombre para que le visites? ¡Asómbrate cielo por esto! ¡Mira, oh tierra, cosa tan notable como esta!

¡Estoy perplejo! *(Notablemente emocionado).* ¡Si, esa es la palabra! ¡Estoy perplejo por tu visitación! Eres el águila que acude en vuelo por su polluelo. Eres tú el Dios que extiende su refugio majestuoso, el Dios que salva, redime y restaura; que atiende al humilde. Pues no puedo pensar, pero sí sentir. No puedo entender; pero sí oír; ver también. Oír y ver tu grandeza... la que conocía de lejos... ¡Oh, pero que torpe era yo! vestía mis ojos con una vista miope y lejana, con mis ojos veía sobrevolar tu misericordia... *(llora),* pero ahora... puedo verle y decirle: "Hola, misericordia, buenos días". *(Pausa).* Anhelo de servicio ha sido el mío. Pero necesitaba tu voz, tu confirmación. ¡Qué día tan inolvidable! *(Llora en mucho quebranto).*

Más recuerda, Señor, que soy hombre casado; unido en carne y sangre a mi esposa. Fundido en una sola pieza; en un sólo cuerpo; en un sólo espíritu y no haría nada sin mi cuerpo y mi espíritu. Pero sé que tú haces las cosas perfectas. Sé que la obra que has empezado la perfeccionarás.... ¡Oh sí! ¡Perfecto eres en tus maneras! ¡Perfecto en tus acciones!

Marcela: ¡David! ¡David! ¡David! *(Se aproxima a donde*

está David y se da cuenta que está hincado en el piso, orando. Al verle se dice así misma:) ¡Oh! ¡Será mejor que espere a que termine de orar!

David: Marcela, ¡esposa mía! No te vayas, ven, ven aquí. Tengo algo importante que contarte... *(Notablemente emocionado).*

Marcela: ¿Tú tienes algo que contarme? ¡Nada será más importante que lo que YO tengo que contarte! *(Emocionada, acentúa el "yo").*

David: Oh, vamos, Marcela. Deja que sea yo quien te lo cuente primero... *(Ansioso)*

Marcela: Pero, ¿dónde está tu caballerosidad, David? *(Cariñosamente).*

David: Bueno, dime, ¿qué es lo que quieres contarme?

Marcela: ¡David! ¡He escuchado la voz del Espíritu Santo! *(Con emoción y solemnidad).*

David: ¿La voz del Dios? ¡Jesús maravilloso! ¡Marcela! dime... ¿Qué fue lo que te dijo? *(Notablemente emocionado).*

Marcela: David, vi en visión unos campos enormes en donde había un trigo maduro. Vi como el viento movía las espigas como un dominó mientras los rayos del sol les matizaban con muchos colores fascinantes. Después me vi yo en medio del campo. ¡Y te vi a ti, David! Ambos estábamos en medio de ese campo majestuoso. Estábamos unidos de las manos mientras mi cabello volaba con un viento recio. Entonces... nuestros pies se revistieron de una fuerza increíble como si fuesen los pies de un gigante en nuestros pequeños zapatos. Y una voz de pronto se escuchó en lo alto que decía: "Hijos míos esta noche os revisto con mi fuerza. Id. Cegad ahora mismo. No esperen más, un día más y la cosecha se habrá perdido".

David: *(la toma de las manos, alza sus ojos al cielo y dice:)*

Señor, en realidad tú te has acordado de nosotros, ¡tú eres maravilloso! ¡Oh Padre Celestial! ¡Jesús bendito! Marcela... ambos *(con énfasis),* hemos escuchado la voz del Espíritu esta noche.

Marcela: ¡Jesús! ¡Aleluya! Cuéntame, que fue lo que sucedió contigo, ¿viste una visión? Escuchaste algo, ¿un sueño? cuéntame, por favor, David... *(Sonriente, con entusiasmo).*

David: No te había contado nada, pero desde hace tiempo Dios puso en mi corazón enlistarme como misionero al África. Esto fue antes de conocernos, pero luego que nos conocimos y que nos casamos había casi ya olvidado el asunto. Pero a últimas fechas, Dios puso de nuevo un deseo intenso por orar en esa dirección y esta noche Dios me habló. Escuché la voz de Dios a así como te escucho ahora yo a ti. Dios me ha confirmado el llamamiento... pero le había dicho que no haría nada sin tu parecer... ¡más ahora que te escucho! ¡Oh, Señor, tú eres bueno! *(llorando tiernamente).*

Ambos: ¡Gracias Dios del cielo! *(llorando ambos).*

Se escucha que llaman a la puerta.

David: *(atentos)* Escucha. Llaman a la puerta.

Marcela: ¿Quién podrá ser tan temprano? *(Se apresura a abrir la puerta).*

Elías: *(entrando con mucho ánimo)* ¡Hola familia! ¿Cómo están? *(Saluda con brío a Marcela, abraza con gozo a David).*

David: ¡Elías! Varón de Dios, ¿cómo estás? Pues ¿qué te trae por aquí? ¡Aleluya!

Elías: Bueno, pues vengo un poco deprisa, David.

David: ¡Oh, por favor! ¡Toma asiento, Elías! Cuéntanos, ¿Cómo va todo en la iglesia?

Elías: Dios ha sido bueno, no puedo sino alabar a Dios por la bendición de haber sido elegido para su obra. Como sabes, tengo ya diez años trabajando duro en la iglesia y Dios ha mandado un gran avivamiento. Cada domingo los pecadores pasan por decenas a recibir a Cristo.

David y Marcela: *(con gozo)* ¡Gloria a Dios!

Elías: Esto es algo por lo que estaba orando y ayunando desde hace mucho tiempo. Nuestra iglesia ahora es tan grande que nuestro templo, que ha sido ampliado ya varias veces, hoy por hoy no puede alojar al nuevo número de creyentes. ¡Todo esto es obra del Espíritu Santo! *(pausa).*
Pero anoche estaba orando y el Señor me hizo sentir mal. El Señor Jesucristo me regañó por no estar impulsando la obra misionera en el mundo. Ahora nuestra iglesia tiene la capacidad de enviar a muchos misioneros. Pero no lo estamos haciendo. Mi corazón se estremeció. Temí delante de Dios, esperando la represión de su ira. Pero después mi Dios me reconfortó y en su misericordia me ha dado una nueva oportunidad: me ordeno que cuanto antes empezara a enviar y sostener misioneros, porque de otra manera me pediría cuentas de ello.
Casi no pude dormir esa noche pensando sobre lo que el Señor me hizo sentir, mientras las palabras de Marcos 16:15 se repetían una y otra vez en tanto que el Espíritu Santo me decía: ¿Cómo irán sino fuesen enviados? David, mi corazón aún está temblando.

David: *(con gozo)* ¡Elías! ¡Me gozo al escuchar que Dios está bendiciendo la iglesia! pero en cuanto a lo que escuchaste del Señor anoche. ¿Qué es lo que piensas hacer al respecto? Quizá nosotros podemos colaborar en algo... es decir... quizá podemos ayudarte...

Elías: *(con asombro)* ¿Ayudarme? Bueno *(habla como dudoso).* En realidad... no me atrevo muy bien... ¡Es una locura! Elías, ¿dónde está esa valentía? *(se dice asimismo).*

Marcela: Por Dios, Elías, ¿Qué pasa? En verdad queremos hacer lo que Dios te haya indicado.

Elías: Bueno, ¡es que esto es muy duro! *(Y orando con las manos sobre el rostro dice en voz baja:).* Señor, ¿porqué es que me pones tú en esta clase de predicamentos?

Marcela: ¿Qué es lo que dices?

Elías: David, Marcela: El Espíritu de Dios ha sido más fuerte que yo y no puedo resistir más. ¡No puedo resistir más! ¡No puedo! *(Esta última frase con un poco de más de fuerza).* ¡No puedo! Estoy quizá a punto de perder la amistad que tengo con ustedes... Pero quiero decirles que el Señor me ha dicho que les financie un proyecto misionero al África...

Marcela y David: ¡Santo Dios! *(Con mucho gozo).*

Elías: ¡Oh Dios mío! ¡Lo sabía! Ustedes son una pareja de laicos que están estableciendo su vida conyugal y haciendo los preparativos para dar buena educación y abrigo al hijo que ya han recibido mediante profecía... ustedes no están interesados en ir al África... ¡Dios mío! ¿Qué he hecho? *(con mucha expresión).*

David: Elías, nada de eso... Sabes que... Dios... *(Con rostro alegre).*

Elías: *(con firmeza)* ¡Dios mío! Sé que ustedes ya tienen suficientes problemas y ahora yo vengo a ponerles una inquietud que ustedes... pero, ¡Dios santo! Yo te dije que debería esperar a que fueren llamados... ¡Señor! *(Dice con el rostro al cielo).* ¡Oh pero si tú no te equivocas... ¡Dios mío!

Marcela: Basta ya... ¡Elías! Dejamos hablar a nosotros *(Con firmeza, ahora hay un pequeño silencio).* Varón de Dios: lo que has escuchado es legítimamente la voz del Espíritu Santo. Te parecerá sorprendente, pero hace apenas unos minutos David y yo tomamos la determinación de ir al campo misionero del África, ¡esto es de Dios, mi hermano! *(Con gozo, todo el párrafo).*

Elías: *(con gran asombro y gozo a la vez)* Pero... ¡por Dios santo! ¿Cómo? *(Les ve por un instante y dice:)* ¡Qué hermoso es lo que Dios hace! ¡Todo lo hace perfecto y hermoso en su tiempo! *(Se levanta de donde está sentado, con gozo).*

Todos: ¡Gloria a Dios!

David: Bueno, pues, ¿qué es lo que tenemos que hacer ahora? *(Con solicitud).*

Elías: El paso siguiente es recibir una capacitación en una escuela de misiones...

Marcela y David: Pero nosotros no...

Elías: ¡No se preocupen! Nosotros pagaremos las cuotas de colegiatura; y terminados los estudios cubriremos también los gastos de transportación, y la manutención estando en el país.

Marcela y David: *(abrazándose)* ¡Qué bello es nuestro Dios!

Marcela: ¡Ya puedo imaginar los cientos de africanos que verán la gloria de Dios! Dios hará milagros como este en el campo misionero. ¡Nuestro Dios es bueno!

David: Mi amor, allí nacerá nuestro primer hijo... ¡Oh cómo lo hemos esperado! Oh no, Jamás dudaré del amor de Dios.
(Voltea y ve el rostro de Marcela). Marcela, óyeme bien, ¡Jamás dudaré del amor de Dios! *(casi gritando).*

Escena II - Siembra con Lágrimas

Escenario: la escena se desarrolla en el campo abierto. Los personajes se desenvuelven en lo que simula una aldea del África.

Marcela: David, eres un regalo del cielo, sino hubiese sido por tus cuidados ya hubiese muerto por la desesperación en este lugar.
Realmente esto es más dificultoso de lo que hubiese ima-

ginado. Tenemos un año aquí, y no hemos logrado acercar a Dios ni a uno sólo. ¡Ni a uno sólo! *(Señalando con el dedo índice, con un poco de desesperación. Luego hay un breve silencio)*. Pero, ¿qué estoy diciendo? Estoy quejándome contra Dios... no. Yo no debo hablar así, Dios tiene su tiempo para todo... creo que Él está tocando los corazones y esto me alienta cada mañana. ¿No lo crees así, David?

David: Sí, es verdad, veo el hermoso amanecer en estos lugares, y agradezco a mi Dios tu dulce compañía, Marcela; y cada crepúsculo ¿sabes qué? Agradezco a mi dulce Señor cómo nos ha guardado de todas las penurias y rudezas de esta selva tan espesa y peligrosa. Marcela, Dios está con nosotros. Aún y cuando no hemos visto aún los resultados de nuestra predicación, tengo fe de que Dios nos ha hecho bien.

Hoy amanecí pensando en lo hermoso que será todo cuando Dios por fin nos dé a nuestro primer hijo... ¿puedes imaginarlo, amada esposa mía? ¡Dios completará la felicidad de nuestro matrimonio!

Marcela: Sí, mi fe hace ver mi matriz abierta para traer felicidad a nuestro hogar. Veremos como Dios eliminará todo nuestro pesar, amado mío, y enjugará nuestras lágrimas. Dios es bueno... Realmente no sé qué haría sin ti *(le abraza tiernamente)*.

David: ¿Qué harías sin mí? Pues continuar adelante... continuar, Marcela, continuar firme como ahora... Pero más bien soy yo quien debo preguntarlo Marcela, ¿qué haría yo sin tu compañía? ¡Pero por favor, no hablemos de eso! Sólo pensarlo me da pánico.... eso sería la peor de las desventuras.... ¡qué infamia! ¡No hablemos de eso!

Marcela: Y no sólo hijos en la carne, sino hijos en la fe, David. Ya verás que Dios nos dará los hijos espirituales que alcanzaremos con la predicación del evangelio de Jesús. Hemos sido entregados para Él y estamos dispuestos hasta sufrir la misma muerte por su causa...

LA REBELIÓN

David: ¡Otra vez con eso, Marcela! *(Un poco molesto).*

Marcela: Claro David, sé que eres un hombre fuerte en Dios y que estimas tu vida como poca cosa con tal de obtener mayor gloria para nuestro Jesús.

David: Tus palabras me alientan de verdad, te amo. Pues bien, hemos llegado.

David: *(dirigiéndose al ayudante de la Jefe-sacerdote de la aldea)* Queremos entrevistarnos con el jefe-sacerdote de la aldea.

Ayudante: ¿Qué quieren? ¿Qué asunto? La Jefe-sacerdote ahora está ocupada en algo importante *(volteando a verlos bien).* Ha, pero si son ustedes de nuevo... La Jefe-sacerdote ya les ha dicho que no quiere saber nada de su Dios ni de su Cristo.

David: Aún así me gustaría que supiera que estamos aquí.

Ayudante: Todos aquí tenemos la consigna de no dejarles pasar a la aldea. ¡Yo no sé cómo fue que ustedes pudieron entrar! ¡Pero ahora mismo los sacaré!

David: A pesar de la orden, insistimos en verle.

Ayudante: ¡Fuera de aquí patrañas! guardias... ¡Guardias!

Marcela: Espera, venimos en son de paz, Señor.

Ayudante: Nuestros dioses son más poderosos que los de vosotros, porque si no fuese así no tendríamos poder sobre ustedes y mira, ¡cómo se atemorizan! Ja, ja, ja.

David: No estamos atemorizados.

Ayudante: *(gritando con fuerza)* ¡Guardias, rápido, vengan ahora!

Entran los guardias para apresarlos, es entonces cuando entra la Jefe-sacerdote.

Jefe-sacerdote: Que es lo que ocurre ¿por qué tanto alboroto?

Ayudante: Estaba cumpliendo sus órdenes, oh gran sacerdote de nuestros dioses...

Jefe S.: *(con enfado)* ¡Qué ordenes ni que! Pues ¿qué es esto? ¿Qué hacen ustedes por estos rumbos? ¿Qué no les he dicho ya que no quiero verles nunca? ¿Acaso no entienden? Sus dioses no son como los nuestros, no podemos dejar de adorarlos, ellos nos traen la lluvia y hacen crecer nuestro frutos... miren como todo está verde y fresco. ¡Con vida!

Marcela: No tenemos "dioses". Un sólo Dios tenemos y éste anunciamos que fue muerto por tus pecados y que ha resucitado. Ahora está en el cielo que está arriba de nosotros y Él y sólo Él es quien nos ha creado y quien envía la lluvia que ustedes afirman que envían sus dioses.

Jefe S.: *(con enfado)* ¿Te atreves a desafiar a nuestros dioses? ¿Qué no te das cuenta que nuestros dioses nos han librado de la mano de nuestros enemigos? Hemos luchado con los de otras aldeas y ahora nosotros somos los más feroces y agresivos *(con orgullo)*. ¿No tenemos nosotros las cabezas de nuestros enemigos?

David: No queremos ofenderte nuestro rey, sólo queremos hablarle del amor de Dios...

Jefe S.: No hay más dioses para nosotros que los nuestros... y ahora huyan de aquí si no quieren que ordene darles muerte... vamos... ¡Fuera de aquí! *(Con autoridad)*.

Ayudante: Guardias...

Les toman de inmediato los guardias.

Jefe S.: Esperen, no les hagan daño... recuerdo hace algún tiempo envié a unos soldados a cazarlos vivos. Ordené que colgaran sus cabezas en la explanada de mi casa... pero ellos fueron devorados por unos leones que encontraron hambrientos en el camino. ¡No lo entiendo! Quizá deba de llamar a la

LA REBELIÓN

bruja del pueblo para que nos lo explique. Pero hoy les daré una oportunidad más. *(Con fuerza)* Más tengan por cierto que si continúan tratando de meter ese veneno a nuestra gente sacaremos hasta la última gota de vuestra sangre en la muerte más espantosa que pudieren imaginar. Y no es necesario que manchemos de sangre nuestras manos. Nuestra bruja puede hacerlo fácilmente enviando sobre ustedes uno de sus conjuros –que ya ha matado a muchos... eeeh– *(Señala como advirtiendo con arrogancia).*

Marcela: Dios no nos ha dado un espíritu de temor, sino de poder. Nosotros podremos hacer frente a cualquier conjuro en el nombre de nuestro amado Jesús y estoy seguro que ustedes sabrán que el Dios en quien nosotros confiamos es el Todopoderoso.

Pero no queremos que sean nuestros enemigos. Queremos su amistad. Queremos convivir con ustedes y amarles.

Jefe S.: No quiero el amor de ninguna mujer blanca. Yo soy sacerdote y tengo el amor de todo hombre y mujer que quiera en esta aldea.

Marcela: No hablo de ese "amor". Yo os hablo del amor de Dios a través de Jesucristo.

Jefe S.: ¡No quiero saber nada de ese Nombre! Si lo mencionas de nuevo juro por los espíritus de los dioses que te mataré *(tomándola de la ropa, y gritando con firmeza).* ¡Juro que te mataré! ¿Lo oyes? ¡Te mataré yo mismo con mis propias manos y ofreceremos tu sangre en sacrificio! *(Dicho esto la avienta al piso y, Marcela cae).*

David: Pero, ¿qué es esto? *(Tomándole de la mano para levantarle).*

David: (con firmeza). Nuestro Dios nunca permitiría que mi esposa muriere; Dios nos ha traído aquí con la misión de Su amor para ti y para tu pueblo. Sé que tus prácticas de pecado te pueden producir placer temporal, pero el amor que Dios te ofrece es un amor verdadero y genuino.

Jefe S.: No quiero saber nada de ese amor, yo idolatro a mis dioses y quienes hacen los rituales conmigo. ¡Eso es lo que me importa! Además sus dioses no tienen poder *(gritando con fuerza).*

David: Nuestro Dios puede aplastarles en un segundo, pero no lo hace porque les ama. Y quiere que sean perdonados de sus pecados.

Jefa S.: ¿Qué es eso a lo que ustedes llaman "pecado"? ¿Qué es todo esto que no entiendo? Ustedes han venido a traer perturbación y desunión a nuestro pueblo, afortunadamente a ninguno han podido convencer hasta ahora.

Marcela: Pecado es...

Ayudante: A callar*, (le abofetea)* es tiempo de que se vayan, ya lo ha dicho nuestro rey y sacerdote... a callar ambos... si no les cortaré el cuello ahora mismo *(saca en ese momento un cuchillo o pedernal).*

Jefa S.: Sé que tus manos están hambrientas de sangre *(dirigiéndose al ayudante)*, pero no he dado aún ninguna orden. Y si actuaras sin mi consentimiento tú también serás muerto.

Ayudante: *(hincándose)* ¡Piedad! ¡Piedad! ¡No quise hacerlo rey mío! ¡Me he dejado arrastrar por mis sentimientos!

Jefa S.: ¡Vamos, de pie!

Jefa S.: ¡Largo de aquí; he dicho que se larguen! ¡Guardias! ¡Saquen a estos de mi aldea!

Los guardias les toman de los brazos, los sujetan y los llevan del escenario.

Escena III - Día de Cosecha

<u>Escenario</u>: la escena se desarrolla dentro de la choza de los misioneros.

LA REBELIÓN

Tocan a la puerta. David está sentado escribiendo. Se levanta después de que insiste quien toca a la puerta tres veces.

David: ¡Pero Carlos! ¡Qué sorpresa! *(Se abrazan muy fuertemente).*

Carlos: David, ¿cómo estás? Por fin doy contigo, estuve mucho tiempo buscándote, y con eso de que aún no se nada del idioma y me tengo que auxiliar de intérpretes... David... tú sabes lo difícil que es conseguir intérpretes en estos lugares, sólo encontramos a uno y el pobre es tan borracho que...

David: Sí claro, lo conocemos muy bien, él nos ayudó mucho a aprender el dialecto de estas tribus, pero siempre ha sido muy inconstante y no ha querido nada con el Señor.

Carlos: La gente es muy dura aquí, ¿no es así?

David: Sí, Carlos... vaya que sí... hemos estado orando y ayunando mucho, pero hasta ahora, después todo este tiempo, no hemos visto nada... *(Se altera un poco y casi llorando).* ¡Nada, Carlos! ¡Nada! parece que estamos sembrando en el desierto, esta gente es tan dada a sus dioses y a sus prácticas de prostitución que ya no sabemos qué hacer. Y encima de todo... Carlos... estaba ansioso por decirlo a alguien... mi esposa y yo...

Carlos: Por Dios, David, ¿Qué sucede?

David: Dios nos ha olvidado, Carlos... No sabes lo felices que fuésemos aún y con todo el sufrimiento en este lugar si tuviésemos un hijo... lo hemos pedido, Carlos, con lágrimas lo hemos rogado...Pero no sucede nada. La matriz de mi esposa está más seca que la arena del Sahara en el rigor de la tarde y ni aún nuestras lágrimas han podido darle vida. He rociado mis lágrimas sobre su vientre mientras clamo a Dios...

Carlos: David, quiero decirte que el Señor...

David: Sí, el Señor, ¡El Señor! Tú eres un recién llegado,

Carlos, y no sabes lo mucho que hemos sufrido. Hemos trabajado sin descanso orando, ayunando, y ¡no sucede nada! *(alterado).*

Carlos: Por favor, David, cálmate, yo sé que eres el mismo misionero que siempre he conocido. Un siervo útil y sensible, llamado por Dios y valeroso. Tú eres una persona muy especial para Dios, Él ha visto todo tu esfuerzo. Ya verás que las cosas cambiarán. Ahora mi esposa Grace y yo estaremos cerca de aquí y estaremos apoyándonos, ¡ya verás!

David: *(dándole un abrazo)* Gracias, Carlos, Dios te ha enviado.

Carlos: Y por cierto, antes de que se me olvide, traigo para ti una carta del Pastor Elías, mira, ten. *(Le da la carta).*

David: *(Saca la carta del sobre y empieza a leer:)* "Estimados hermanos David y Marcela Floy:

Estoy muy agradecido con el Señor por tenerles por misioneros en ese país tan lejano a nuestra patria, he conversado con el consejo de la iglesia y aún y cuando aparentemente no hay resultados por ahora, hemos recibido instrucción del Espíritu Santo de continuar apoyándoles indefinidamente en lo económico y mediante el recurso invaluable de la oración. Actualmente tenemos cuatro vigilias de oración por día y les tenemos en oración permanente. Personalmente creo que el Señor va a hacer una obra excepcionalmente maravillosa en ese lugar. Dios me ha estado mostrando que Él les va a usar de una manera poderosa para la salvación de muchos. Por ahora nos resta seguir trabajando y esforzándonos por su bendito nombre... en Cristo, suyo, Elías Palermo".

David: ¡Vaya que esto es una buena noticia! Gracias a Dios que por eso al menos no tenemos por qué preocuparnos. Gracia a Dios. *(Aunque no muy entusiasmado, muestra gratitud).*

Carlos: Ves, cómo Dios es bueno, pronto cosecharás... sé que tú lo crees conmigo... pero bueno, me tengo que retirar porque voy a ir por Grace, que se quedó en casa de una familia que estamos evangelizando. Espero verte pronto.

LA REBELIÓN

Carlos se levanta, se dan otro abrazo y se va.

David: Hombre, no esperaba que tu visita fuera tan corta, pero... bueno, no quiero demorarte más... Dios te guarde mi hermano querido... *(Cierra la puerta, se queda meditando).*

David: *(habla para sí)* Pronto cosecharás... Creo personalmente que el Señor va a hacer una obra excepcionalmente maravillosa en ese lugar... Dios está contigo varón valeroso...

Después de esto se sienta en una silla contigua a la mesa y continúa escribiendo. Tocan de nuevo a la puerta, David no se pone de pie sino hasta varias llamadas de puerta.

David: ¿Quién es?

Mahotura: Soy yo, Señor, Mahotura, ¡ábrame, por favor!

Toca varias veces, muy seguidas y fuertemente, como con apresuramiento.

David: Porqué tanta insistencia, que pasa, hombre, ten un poco más de paciencia, ya voy *(dice para sí)*. Mi mujer se está tardando, ¿qué es lo que sucede? por qué no regresa, ya es casi medio día y salió desde temprano...

Mahotura: *(sigue tocando a la puerta)* ¡Ábrame, es urgente!

David: *(abriendo la puerta)* ¿Urgente? ¿Qué es lo que sucede?

Mahotura: Señor David, ha sucedido algo extraordinario, no lo puedo creer, pero es cierto.

David: ¿Qué es lo que ha sucedido? ¡Pero habla, muchacho!

Mahotura: Señor David, ¿recuerda que ayer fue a orar por mi madre anciana que estaba enferma de una enfermedad rara que le hacía vomitar sangre?

David: Si, Mahotura, lo recuerdo bien, tu madre está agonizando... ¿Ha muerto? *(con una expresión de condolencia).*

Mahotura: ¡No! No ha muerto, ¡vive!

David: Pero continúa grave, pues que mal esta eso, seguiré orando por ella, la Palabra de Dios dice que Jesucristo ha llevado en su cuerpo nuestras enfermedades y nuestros dolores. Que nosotros tenemos autoridad para sanar a los enfermos. Aunque para ser francos, yo no creo tener el don de sanidad, porque he orado por muchos, pero no han sanado... bueno, yo espero en la voluntad de Dios. Pero si tú tienes fe, Mahotura, dice la Biblia que para el que cree todas las cosas le son posibles *(enfáticamente).*

Mahotura: Siempre he sido un muchacho rebelde a todo lo que me han dicho, Señor David. Quiero confesarle que siempre le escucho sólo por interés. Porque yo soy el único que mantengo mi casa. Mis hermanos están pequeños y mi madre muy anciana y siempre enferma. Yo he tenido que trabajar duro vendiendo leche y como usted ha sido un buen cliente yo le escuchaba sólo por venderle unos cuantos litros. Pero ¿sabe que ha sucedido algo extraordinario en mi casa?

David: ¿Qué es lo que sucedió? Cuéntame, ¿qué es eso extraordinario de lo que hablas? *(con emoción).*

Mahotura: Sucedió que cuando fue usted a mi casa realmente pensé que todo era inútil. Hasta la bruja de la aldea vino a hacerle curación a mi madre, pero ella no sanó aún y cuando se llevó los ahorros de todo un año de trabajo *(empieza a llorar),* pero hoy por la mañana, después de que usted clamó en el nombre de Jesucristo, el Dios suyo, mi madre... mi mamita linda... señor David... ¡Ha sido sanada! Ya no vomita sangre, sino que le dejé haciendo labores de limpieza en casa como si nunca hubiese enfermado. Señor David, mi madre ha sanado después de estar años en cama... esto es un milagro... *(Con mucha expresión).*

David: *(notablemente emocionado)* ¡Gloria a Dios! ¡Esto es maravilloso!

Mahotura: Señor David, quiero conocer a ese Jesucristo que ustedes adoran. Quiero que Él sea mi Dios. Podría venderme una figura de Él.

David: No Mahotura, el Dios que nosotros adoramos es invisible, es el Dios que ha hecho todo cuanto existe...

Mahotura: ¿Hizo los árboles sagrados también?

David: Dios ha hecho todas las cosas que ves a tú alrededor, las aves, las nubes, el sol, las estrellas, los animales... y no hay nada sagrado sino su Nombre. El Nombre de Jesús es sagrado y maravilloso. Pero Él no es un Dios inaccesible, Mahotura, no. Él es bueno y personal. Tú puedes pedirle que sea el dueño de tu corazón.

Mahotura: Señor David, no entiendo, ¿dice que él puede adueñarse de mi corazón? y luego ¿cómo viviré sin corazón?

David: No Mahotura, Él quiere vivir dentro de ti y ser tu Señor y Dios si tú se lo pides.

Mahotura: ¿En verdad? Y ¿cómo puedo hacer eso?

David: Es sencillo, sólo tienes que decir con toda sinceridad: "Señor Jesús, quiero que tú seas mi Señor y Dios, entrego mi vida a ti".

Mahotura: Señor Jesús quiero que tú seas mi Señor y Dios, entrego mi vida a ti.

Seguido de esto empieza a llorar, fuertemente por unos segundos.

Mahotura: *(llorando)* Señor David, me siento tan sucio, soy muy malo, muy malo, Señor David.

David: Dile a Jesús que te perdone.

Mahotura: Jesús, quiero... que tengas misericordia de mí, perdóname por favor... he sido muy malo, perdóname por favor...

David: ¡Gloria a Dios! *(en voz un poco más baja de lo normal, con mucho gozo).*

David y Mahotura están hincados. David ora por el muchacho. Marcela entra en la escena.

Marcela: *(habla silenciosamente mientras apunta al niño)* pppppshhhh, David, ¿qué está pasando? ¿Qué es lo que le sucede a Mahotura? ¿Murió su mamá?

David: No, Marcela, ¡vaya que no! Está viva y más viva que nunca, pero no más que yo... en este día, siento que he resucitado.

Marcela: ¿Podrías explicarme?

David: Marcela, ¿recuerdas que ayer fuimos a orar por la madre de este niño?

Marcela: ¡Claro! Estaba vomitando sangre, pobrecita, estaba en agonía...

David: Pues bien... ¡ha sido milagrosamente sanada! *(con gran gozo)*.

Marcela: *(después de un breve silencio por el asombro)* ¿Sanada? ¡Gloria a Dios! ¡David, esto es maravilloso! *(Alzando las manos al cielo)*. ¡Señor gracias porque tú eres bueno! ¡Señor, has escuchado nuestras oraciones! Cristo, tú estás vivo... te amo Señor. ¡Aleluya!

David: Y no sólo eso, Marcela. Mahotura ha aceptado a Cristo como su Señor y Dios y le ha recibido hoy en su corazón y míralo *(lo señala, siempre hablando con mucho gozo)*.

Marcela: Estaba a punto de decir: "no puedo creerlo" pero, ¿cómo no voy a creerle a mi bendito Señor? David, este es el día más feliz de nuestro ministerio.

David: Sí Marcela, después de estar aquí durante todo este tiempo y de no ver ni una sola alma convertirse a los pies de Cristo; y luego de ser testigos de un milagro de sanidad y la conversión de esta alma preciosa; este es, sin duda, uno de los días más felices de toda mi vida... ¡Gloria a Dios!

David se pone de rodillas y adora a Dios, luego se levanta y empieza a danzar en el Espíritu, después se detiene un poco y con voz dulce dice... mientras el niño sigue llorando, hincado en el suelo llorando y clamando:

David: ¡Gracias mi Señor Jesucristo!

Marcela: David... David...

David: Sí, dime... Marcela linda...

Marcela: Tengo algo que decirte *(se chupa los labios)*.

David: *(con voz de gozo)* ¿Qué tienes que decirme?

Marcela: Te lo diré si me prometes no desmayarte.

David: ¿Qué es lo que pudiere desmayarme? *(sigue con voz de gozo, sonriente)*.

Marcela: David. *(Hace una pausa de dos segundos, mientras David le mira con mucha atención)*. David, voy a tener un hijo. *(David se queda mudo por unos segundos)* ¿Qué te pasa? *(sonriendo, alegre)*.

David: ¡Marcela! *(Esto lo dice vehementemente, y le abraza)*.

Escena IV - La Prueba Máxima

Escenario: esta escena se desarrolla en la choza de los misioneros. Están presentes Carlos y Grace –los misioneros americanos–, Mahotura y David; después aparecerá la bruja del pueblo y la partera; David está sentado en la mesa con el rostro sobre su la cubierta y entremetidos sus brazos.

Grace: No te preocupes David, ya verás que todo saldrá bien... tenemos nuestra confianza puesta en Dios. Estoy segura que esto que está sucediendo será para su gloria. Tú has sido testigo de su gran poder. Tú has escuchado la voz de su Espíritu, Él nunca falla, sus promesas son verdaderas y seguras. Jehová es mi pastor...

Carlos repite con ella.

Carlos, Grace: ...nada me faltará...

Después se les une Mahotura.

Carlos, Grace y Mahotura: ...en lugares de delicados pastos me hará descansar, junto a aguas de reposo me pastoreará, confortará mi alma, me guiará por sendas de justicia por amor a su nombre. Aunque ande en valle de sombra y de muerte no temeré mal alguno porque tú estarás conmigo, tu vara y tu callado me infundirán aliento, me haces comer tranquilamente en presencia de los que me angustian. Unges mi cabeza con aceite, mi copa está rebozando. Ciertamente el bien y la misericordia me seguirá todos los días de mi vida y en la casa de Jehová moraré por largos días. (*Con solemnidad*).

Mahotura: ¡Tenga confianza, señor David! Cristo ha sanado a mi madrecita. Así como Él ha hecho volver a mi madre de la misma muerte, ¡así hará con su esposa Marcela! (*Con ánimo*).

David: Esa miserable enfermedad... esa miserable enfermedad... mi dulce esposa, cómo es posible que esa carroña del diablo le esté matando... estoy seguro que esa enfermedad se inventó en los laboratorios del mismo infierno cuyo alquimia antiguo fue el mismo Satanás...

Carlos: Aunque la malaria es una enfermedad que pudiera ser mortal, hemos estado orando para que el Señor le sane... pero si no... Debemos conformarnos con su voluntad, que siempre es perfecta.

David: *(golpeando con el puño la mesa, con enfado)* ¡Su voluntad! ¡Su voluntad! yo no quiero "su voluntad", yo quiero a mi esposa y a mi bebé... *(Grita)* ¡Quiero a mi esposa sana conmigo, quiero acariciarla como antes, quiero que ella sea mi compañera! ¿Qué no entienden? Óiganme todos: *(Continúa gritando)* ¡Yo amo a mi esposa! Te amo a Marcelaaaaa... *(grita, pero no muy fuerte)*.

Carlos: Yo sólo he dicho que la voluntad de Dios es lo mejor para nosotros, Carlos, cálmate, nadie aquí hemos dicho que Marcela morirá. Estamos confiando en el Señor que ella se levantará de esa cama.

Grace: Sí, David, Jesucristo es el mismo. Nosotros hemos

LA REBELIÓN

visto como los paralíticos corren por los pasillos de los templos, cómo tumores más grandes que el puño de tu mano han desaparecido; hemos visto como los muertos helados como en la morgue, han resucitado por su poder ilimitado. No desconfíes de su poder. ¡Vamos David, ten fe!

Mahotura: Aún recuerdo sus enseñanzas del capítulo once de Hebreos. ¿Recuerda cómo me explicaba lo que le sucedió a Abraham? Yo he visto en usted un hombre de fe, Señor David. Mi alma ha sido salva gracias a que usted tuvo fe en Dios y vino a este lugar. Yo soy fruto de todo su esfuerzo.

David: Agradezco a todos su palabras, pero yo no soy nadie sin Marcela. Más bien es por ella que estoy aquí... ella es la que es una mujer de fe. Yo...

Carlos: Tú también eres un hombre de Dios esforzado y valiente. Nadie te podrá hacer frente todos los días de tu vida. Aún de los escombros dejados por el fuego de la batalla te levantaré dice el Señor.

Tocan a la puerta, Mahotura es quien va a abrir.

Mahotura: ¿Usted aquí? ¿Qué es lo que quiere?

Bruja: ¡Déjame entrar, niño del demonio!

Se oye como que forcejean y finalmente la bruja aparece en la escena, cuando aparece todos se quedan helados, admirados de la presencia de esa fea mujer en la casa de los misioneros.

Bruja: Óyeme David, siervo de Dios... yo he sido quien he enfermado a tu mujer... porque Dios me ha dado permiso para dañarla... yo soy la hechicera más poderosa de todo este continente. Satanás me ha conferido poderes extraordinarios y durante todos estos años no han podido conmigo... ja, ja, ja, ja... yo soy la única persona que puede sanar a tu esposa.

Todos menos David: ¡Qué está diciendo esta mujer! *(todos dicen frases diversas en este tenor a destiempo).*

Bruja: He venido a hacerte una propuesta: si me prometes irte de mí aldea, quitaré a tu esposa el hechizo que le he puesto y serás feliz con ella en Europa.

Todos menos David: Eso es traicionar a Dios *(no a una, todos en destiempo).*

Bruja: Vamos David, yo sé que tu esposa es lo que más quieres... yo la sanaré... ¿Para qué vivir si no tienes a tu esposa? ¡Vamos! Acepta mi propuesta.

Todos menos David: No lo hagas, David; Dios puede sanarla, debes de obedecer a Dios.

Carlos: David, dile a esta mujer que se vaya de tu casa. Satanás está aprovechando este momento de turbación... no te rebeles contra Dios. No contristes al Espíritu Santo.

Bruja: Vamos, responde David... yo sé que eres un hombre sensato, no seas romántico, Dios quiere hacer morir a tu esposa y tú no quieres eso... ¿verdad? Yo sé que quieres que yo la sane. Sólo tienes que decir sí. Esa sencilla palabra de dos pequeñas y diminutas letras que volverán a tu esposa a la vida. Dios te ha abandonado, David, Él no existe para ti. Dios no te quiere, yo sí te quiero. ¡Mira que sanar a tu esposa! ¡Eso sí que es una acción de amor! ja, ja, ja, ja...

En eso se juntan todos menos David en una rueda, se toman de las manos y empiezan a orar.

David: Vete de aquí, lárgate, en el nombre de Jesucristo. *(Con autoridad, se puede hacer un efecto de sonido de eco).*

Bruja: aaaauaaaee *(sonidos raros de vocales);* me voy, no resisto más, pero tu esposa morirá... te lo adviertoooooo *(llevándose las manos a la cabeza como si estuviese oyendo un gran sonido estridente y se retira corriendo).*

Carlos: Diga lo que diga el diablo, Dios hará su voluntad, David. Fortalécete en tu Dios.

Se escucha el llorido de un bebé y pasados un par de segundos entra la partera con una cara triste y un bebé en brazos.

Partera: Mire, Señor David, es una bella bebé. Mírela, ¡qué hermosa es!

David: *(sonríe como nerviosamente, mientras la toma en sus brazos, suavemente:)* ¡Bendito sea Dios!

Los demás: ¡Oh, mira qué bonita! *(expresiones de ese tipo emocionados con la bebé).*

Grace: ¡Déjame cargarla a mí! *(David se la da).*

David: Partera, dime la verdad. ¿Qué ha sucedido con mi mujer? *(Con tono de preocupación).*

Partera: Se refiere a su esposa... mmm... aaaa...

David: Marcela, ¿Qué sucedió con Marcela? *(con voz de angustia).*

Partera: Hicimos todo lo posible, pero su esposa estaba demasiado debilitada a causa de la enfermedad. De veras, hicimos todo lo posible, pero su esposa no ha podido resistir... su cuerpo estaba indefenso, perdió mucha sangre... David, tiene que ser fuerte... su esposa... su esposa... ha muerto.

David: ¿Cómo? *(gritando con desesperación).*

Partera: Lamento ser yo quien tenga que darle esta triste noticia. Pero como sabe aquí no tenemos recursos médicos. Para nosotros fue imposible salvarla.

David: ¡Noooooooooooooooo! ¡Marcelaaaaaa! *(Se postra y empieza a llorar).*

Partera: Traigan el cuerpo.

Carlos va y trae a Marcela en brazos y la pone sobre la mesa.

David: *(Llendo hacia el cuerpo, lo estruja y abraza, lo sacude)* ¡Levántate! ¡Levántate! ¡Marcela no puedes morirte ahora! Abre los ojos, mi amor, no te mueras, no ahora... *(trayendo la bebé)* mira a nuestra bebé, la que siempre quisiste, mírala, es como tú... es igualita a ti. Marcela, tu siempre quisiste una niña... ¡abrázala! *(le toma los brazos inertes).*

¿Por qué no la abrazas? *(Da la niña de nuevo a Grace y alza los ojos al cielo).* ¡Por favor, Dios, no me la quites! no me la quites, Dioooos... ¡No! *(Llorando a grito abierto).* ¡No me la quietes! ¡No! No ahora, es carne de mi carne, es hueso de mis huesos... es mía, tú me la diste... no me la quites ahora. ¡Dios mío! ¿Qué sucede? No puedes hacerme esto, yo te he servido, no puedes abandonarme ahora así. Mi esposa es mi vida... Señor, no lo hagas, no te lleves su alma... ella es mía... Dios mío.

¿Dios, porque me abandonas así? ¿Por qué me das las espaldas? ¿No fuiste tú el que me llamaste? ¿Esa voz que escuché no era la tuya? *(deja pasar un par de segundos).*

Dios, escúchame bien, renuncio... yo ya no tengo nada que hacer aquí sin mi esposa... *(Apuntando con el puño cerrado al cielo).* ¡Sí! has escuchado bien, renuncio... no quiero saber nada de esto... me voy *(después de estar hincado, se levanta y empieza a hacer sus maletas).*

Grace: ¿Qué estás haciendo? ¿Eso no es lo que haría tu esposa en tu lugar, verdad David?

David: No me importa lo que mi esposa muerta haría en mi lugar, yo no quiero saber nada de este maldito país, no quiero saber nada de ustedes, no quiero saber nada de Dios... no quiero nada, quiero irme a morir a mi tierra... eso es lo que quiero... esto es un verdadero fracaso *("fracaso" con voz alta y enfática).*

Mahotura: Señor David, no nos abandone... yo soy el único cristiano aquí, usted era el que me enseñaba la Palabra de Dios no se vaya por favor, *(lloriqueando).*

David: Mahotura, olvida todo lo que te dije, Dios no existe Mahotura... *(Lo toma de la vestidura a la altura del pecho y gritando le dice:)* ¡Dios no existe! Lo oyes... óyeme bien, Mahotura... no quiero saber nada de ti... todo esto ha sido una verdadera pérdida de tiempo. Si no hubiese venido a esta despreciable tierra, viviría felizmente con mi esposa. *(Baja la voz y llora).*

LA REBELIÓN

Mahotura: No, Señor David, Dios si existe... Él sanó a mi Mamá... mi Cristo me ha amado y ha perdonado mis pecados.

David: Pues te ama a ti, a mí no... O más bien existirá para ti pero yo no quiero acordarme siquiera de que alguna vez pisé esta despreciable tierra. *(Todo esto lo dice mientras empaca).*

Carlos: David, tienes una hija que mantener. El pastor Elías ha sostenido tu ministerio en este lugar y estoy seguro de que no desea esto.

David: No me importa la niña, te la doy... y en cuanto al pastor Elías... le enviaré una carta diciéndole que le agradezco mucho el tiempo que nos estuvo manteniendo, que agradezco a su iglesia que confió en nosotros, pero que mi esposa ha muerto y el ministerio se ha acabado. ¿Acaso estoy diciendo ministerio? Yo nunca he tenido ministerio, el ministerio era de mi esposa... y mi esposa ahora está muerta y yo no tengo nada que hacer aquí.

Grace: ¡Por Dios! David, no puedes decir eso, tú fuiste quien llevaste a Cristo a Mahotura y su madre sanó por el poder de Dios actuando a través de ti.

David: No me importa, yo no quiero saber nada de Dios, ni de iglesia, ni de la Biblia ni de nada... si ese Dios, que ustedes dicen que existe quiere llevarme al infierno, que lo haga... Debí haber dicho que si a esa bruja...

¡Déjenme todos en paz y olvídense de mí para siempre! *(gritando con mucho enfado al tiempo que abandona el escenario, Carlos va detrás de él hablándole).*

Carlos: *(corriendo tras él)* David, no puedes irte, reflexiona, David, David…

Grace: *(hace que se unan todos de las manos y empieza a orar)* "Señor, sabemos que eres un Dios poderoso, aún en medio de la rebeldía de nuestro hermano David tu harás algo extraordinario en este lugar y estamos seguros que nuestro hermano volverá a tu lado. Señor, toca su corazón y hazle recapacitar".

Escena V - Una Bebé que ha Crecido

Escenario: es en una oficina, Raquel Floy, la hija de los misioneros europeos, está leyendo una revista. El bebé de David ha crecido y se ha criado en los EUA, llevada por los misioneros americanos.

Raquel Froy: Por fin tengo un poco de tiempo para descansar... *(Después de empezar a leer la revista:)* ¡Mira! ¿Qué es esto? *(lo dice para sí misma al tiempo que llega su amiga Dorita).*

Dorita: Hola, Raquel. ¿Cómo estás? ¿Qué lees?

Raquel: Hola, estoy leyendo una revista de misiones... y ¡mira! ¡Encontré un artículo muy interesante sobre un avivamiento en África!

Dorita: Que interesante, y ¿qué dice?

Raquel: Déjame leértelo:
 "Dios muestra una vez más su poder avivador en África. Multitudes acuden a los cultos cada noche. Los sanados se cuentan por millares. Los bautizados con el Espíritu Santo recorren las calles gritando: "arrepentíos, el reino de Dios está aquí". Apenas pisamos la tierra y sentimos a Dios impregnando y permeando todo. Ya sea en el campo o en la ciudad, las fortalezas del enemigo están siendo aplastadas. Las raíces del ocultismo y la brujería ceden como un puño de heno seco ante el fuego devorador del Espíritu Santo. Él y sólo Él es el artífice de este enorme movimiento; nadie puede negarlo, sólo basta con asomarse un poco y el estruendo del avivamiento le arrastrará a la santidad".

Dorita: ¡Uauh! ¡Esto es algo precioso! y ¿quién firma?

Raquel: Firma... firma... Mahotura Shegei... ¡Mira aquí está su biografía! Voy a leerla: "Mahotura Shegei, siervo de Jesucristo, impulsor y líder actual del gran avivamiento en el centro africano. Acepta a Cristo como su salvador hace 21 años en una aldea cerca de Guinea Ecuatorial. Llevado a Cristo por un misionero Noruego de nombre David Floy... *(Deja de leer)*. ¿Mmm? ¿David Floy?

Dorita: ¿Qué pasa? ¡Continúa leyendo!

Raquel: ¿No te das cuenta? Este es mi apellido... mi apellido no es nada común. Alguna vez me contaron mis padres que sólo cinco personas en todo el mundo llevan mi apellido. Mis padres, los que me criaron y me trajeron a Norteamérica, no son mis padres naturales. Ellos me contaron en alguna ocasión que mis verdaderos padres fueron Europeos. Noruegos para ser exactos. Pero no he sabido nada de ellos. Sólo sé que están muertos.

Dorita: ¡Oh, lo lamento Raquel! *(con solemnidad)*.

Raquel: No te preocupes, yo nunca los conocí. No me aflijo por eso porque pienso que Dios tiene todo en sus manos. Él permitió que yo no les tuviera por alguna misteriosa razón. Pero ahora que veo el nombre de una persona que tiene el apellido Floy... ¡debe de ser uno de esos cinco! Pero ¿vivirá aún? y si vive, me gustaría saber más sobre su vida. *(Un momento de silencio)*.

Dorita: ¿Qué estas tramando, Raquel? Te conozco, estas tramando ir al África, ¿no es cierto?

Raquel: ¡Vaya que si me conoces, eh! Iré al África y empezaré a hacer los preparativos ahora mismo.

Toma el teléfono y mientras empieza a hacer la llamada cierran el telón.

Raquel: Señorita, quiero comprar un boleto de avión para África... ¿Dónde exactamente? Mmm déjeme ver... Guinea Ecuatorial... Si... espero...

Escena VI - Un Culto de Avivamiento en África

Escenario: la escena se desarrolla en uno de los sitios de reunión. Es un culto de avivamiento y está predicando el Reverendo Mahotura Shegei.

Mahotura: *(como predicando)* Dios, está enviando las lengüetas del avivamiento a tu casa... permite que tu casa se incendie con el genuino mover de Dios... porque están atados... están encadenados, están desprovistos, están clamando a grito ensordecedor por ayuda... ¿Dónde está esa ayuda? Está en el Espíritu Santo, está en la superficie de la palma de la mano de Dios; está en su brazo de poder ilimitado. Mañana trae a tu familia *(pausa)*. ¡Gloria a Dios! *(pausa)*.

Muy bien... tenemos que dar por concluido este culto para descansar un poco. Pero antes... me gustaría pasara a este lugar el líder de alabanza: Nuestra hermana Lufta...

Pasa la hermana y él se queda ahí a un lado.

Mahotura: Dios le bendiga. Dejo el lugar. Es increíble, esta mujer fue la bruja de mi aldea; el poder de Dios ahora le ha convertido en una líder nacional de alabanza. Esto es lo que Dios hace hermanos.

Se oyen las voces, gloria a Dios, aleluya.

Lufta (La bruja de la escena IV): Bueno; mi hermano Maho ya mencionó algo de mí pasado. Sí, yo era una bruja consumada. Me avergüenza decirlo, pero yo envié un hechizo para que la esposa del misionero que evangelizó a nuestro amado hermano Mao muriera. Y ustedes se preguntarán ¿funcionó? Pues sí y no. Yo, confabulada con las fuerzas del mal traté de detener el mover de Dios que se avecinaba sobre este lugar, pero aunque logramos matar a esa inocente sierva de Dios, el evangelio no pudo detenerse. *(se escuchan las voces de aleluya, gloria a Dios, etc.)* Dios ha finalmente triunfado. Y mírenme ahora, yo misma, que antes tenía pacto con Satanás, ahora soy sierva del Dios vivo del cielo. Adorémosle... ¡Aleluya!

Quisiera que pasaran mis jóvenes para cantar una canción nueva que el Señor me ha inspirado hace algunos días... pasen jóvenes.

Los jóvenes, después de dar ella la orden, empiezan a cantar con un poco de movimiento, son unos pequeños pasos como de mímica o danza, al estilo de África y cantan:

Ai balanve ni, ai balanceni
(significa: "vamos a correr a buscar a los perdidos")
Itabacuma Baio
(significa: y ¿cómo lo vamos a encontrar?)
Cucu nunu
(significa: "atados")
Miyalaba tabila
(significa: "amarrados por las brujas")
Vatiyadaba fúmala
(significa: "con cargas de opresión")
Evángeli
(significa: "por falta del evangelio").

<u>**Nota del autor:**</u> este cántico es real, se canta en el sudeste del continente africano. En el drama se canta únicamente en el lenguaje indígena, después, fuera de escena, deberá darse la explicación de lo que significa.

Lufta: *(después de la participación)* Muy bien... Dios bendiga a cada uno.

Mahotura: Cristo. Tu paz guíe a todos los congregados hoy, permite que mañana te adoremos más aún. Amén.

Una pausa de unos cuantos segundo, el Pastor Mahotura recoge su Biblia y escribe algunas cosas en su agenda.

Raquel: *(grita desde fuera del escenario)* ¡Hermano Shegei!

Mahotura: Dios le bendiga, que gusto. Mañana le esperamos de nuevo... con permiso...

Raquel: ¿Me permite un segundo de su tiempo?

Mahotura: ¡Claro! Me están esperando... pero dígame ¿en qué puedo ayudarle mi hermana?

Raquel: Como puede usted notar yo no soy de estos lugares. Yo soy de Norteamérica. Mi nombre es Raquel Floy... y he... ve...

Mahotura: *(interrumpiendo)* ¿Raquel Floy? *(En ese momento se sienta y pone toda su atención).* ¡Gloria a Dios! Siento el Espíritu correr... ¡Aleluya! pero sí... siga hablando por favor... siga hablando...

Raquel: Le decía que he venido porque leí un artículo sobre el avivamiento que hay en su país y al ver el nombre de su padre en el evangelio, David Floy, me pregunté si pudiera ser familiar mío. Verá. Mis padres adoptivos son norteamericanos y me han dicho que mis padres naturales son europeos. Estoy casi segura de que David Floy fue mi padre. Y si es así me gustaría que me contara algo de su vida aquí.

Mahotura: ¡Oooooh! ¡Qué honor! ¡Gracias Dios mío, tú has escuchado mi oración! *(Alzando las manos al cielo. Pausa).* Mi hermana Raquel, he estado orando para que usted apareciera. Siempre creí firmemente que estaría viva. ¡Mira lo que Dios hace! Sí, efectivamente David Floy es su padre. La historia no es muy alentadora. Aún recuerdo ese día tan trágico en que su madre murió. Ese día ha sido el más triste de mi vida. David amaba a su esposa en gran manera y cuando ella muere de malaria él se rebela contra Dios y se va de inmediato del país. Ahora no sé si viva o muera. Estoy orando para que él se reconcilie con Dios. El Espíritu me ha indicado que continúe orando y eso quiere decir que en realidad está vivo, en alguna parte de Oslo... quiero decir vivo en la carne... pero muerto en el Espíritu. Alguien debe de rescatarle, porque de otra manera... temo por su destino eterno, mi hermana Raquel; temo que está ahora en las garras del diablo y no hay escapatoria. Ha renegado de la fe, se ha convertido en un hombre sin Dios y sin esperanza. Sólo Dios sabe cuál es su verdadera condición.

Raquel: Hermano Shegei, quiero ir a buscarle. ¿Quisiera usted ir conmigo?

Mahotura: En verdad quisiera, pero mis compromisos en todo el mundo me lo impiden. Sin embargo prometo vehementemente que estaré orando para que su empresa llegue a buen término. Vaya, mi hermana, vaya. Dios le dará la victoria... ya le encontrará usted. Dios está en esto. Nada de esto es una casualidad; es el tiempo de Dios. Y cuando le encuentre, por favor, avíseme para hacerle un homenaje. Millones son el fruto de su trabajo con lágrimas.

Escena VII - La Búsqueda

Escenario: la escena se desarrolla en un sitio sucio en donde hay una cama desordenada y de mal aspecto, una mesa con botellas de licor vacías y una silla junto a ella.

David: *(levantándose de la cama, vestido muy descuidado. Despeinado y con barba crecida y desarreglada)* ¡Este dolor de cabeza! Quiero morirme. Esta enfermedad me está matando... *(Se duele del costado).* El alcohol está destrozando mi hígado. Pero eso es lo que merezco. Mi vida es una piltrafa. Estoy sólo y abandonado.

Tocan a la puerta.

David: ¿Quien podrá ser? hace años que nadie viene a visitarme. *(Siguen tocando a la puerta).* Ya voy... ya voy... *(Se pone una bata y abre la puerta).*

Raquel: ¿Aquí vive David Floy?

David: Sí, si se puede decir a esto "vivir" *(señalando el interior de la casa).* Aquí vive David Floy.

Raquel: ¿Se encuentra él aquí?

David: Yo soy, ¿qué es lo que desea? *(Al ver que no recibe respuesta inmediata dice:)* Yo soy una persona pacífica, es cierto que tengo esa maldita manía de beber, pero soy un hombre que no se mete con nadie. Si alguien me ha acusado es seguramente porque quiere encontrar un chivo expiatorio. Aunque aún si me encarcelaran no permanecería allí por mucho tiempo, estoy enfermo. Tengo cirrosis hepática, pronto moriré...

Raquel: Pero no soy de la policía... yo soy... soy... *(Empieza a sollozar).*

David: ¿Quién es usted? ¿Qué quiere de mí? Seguro nada puedo darle... creo que es mejor que se vaya.

Raquel: *(sigue sollozando)* No, no me iré... David... no me iré.

David: ¿Qué le sucede? ¿Yo que he hecho? *(Viéndole fijamente).* Esa expresión en el rostro, esas lágrimas... ese rostro, ese cabello... usted me trae recuerdos muy trágicos.

Raquel: ¿Por qué, David?

David: No sé quién sea usted, ni como sabe de mí, pero lo que sí sé es que tiene un increíble parecido a mi esposa. ¡Qué desagradable es todo esto! ¡Usted ha venido a arruinarme el día! Yo que me paso las noches bebiendo licor barato tratando de olvidarla y usted viene a recordármela, dígame de una vez que pretende de mí y váyase *(con enfado).*

LA REBELIÓN

Raquel: ¡David, no me despida, por favor!

David: No ha sido mi intención correrla. Se ve usted una persona de bien.

Raquel: Tú eres una persona de bien también, de mucho bien.

David: ¿Cómo? ¿Qué es lo que sabes de mí? Si crees que soy una persona de bien, no es así más bien he sido un fracasado.

Raquel: ¡Fracasado no!

David: Tú que sabes de mi vida. Estoy hablando con una desconocida que me contradice de lo que soy. ¡Esto es ridículo! ¡Soy un fracasado porque no he hecho nada en la vida, niñita! ¡Yo sólo soy un borracho que no sirve para nada! ¡Nadie se acuerda de mí, sólo estoy esperando la muerte sólo!

Raquel: Dios no te ha abandonado *(sigue sollozando)*.

David: *(gritando)* ¡Dios! ¡No quiero escuchar nada de Dios! ¡Ah! Ya he entendido; tú eres una de esas personas que viene casa por casa "evangelizando a los desvalidos", pues no quiero su compasión, largo de *aquí (y cuando se disponía a cerrar la puerta Raquel habla)*.

Raquel: ¡Papá no me rechaces!

David: ¿Papá? ¿Quién eres tú?

Raquel: David... yo soy tu hija Raquel, la que entregaste a los misioneros Carlos y Grace.

David: *(sollozando)* ¿Raquel Floy? *(Se le queda viendo un par de segundos y le abraza).* ¿Cómo es posible? ¡Esto es un milagro! Pasa, por favor... pasa... hija mía...

Raquel: Papá, he venido a decirte que te quiero.

David: Tú, ¿me quieres? Yo te abandoné en un arranque de ira y rebeldía y ya no quise saber nada de ti. ¿Cómo puedes quererme?

Raquel: El amor de Dios hace que te quiera, padre mío. No guardo ningún rencor. Sólo quiero cuidarte y tenerte papá.

David: *(le abraza tiernamente)* Hija mía, esto es increíble. Desde que murió tu madre he estado en rebeldía contra Dios, en estos 21 años no he hecho otra cosa que vagar por las calles, mendigar y beber. Todo lo que he ganado y lo que los misericordiosos me han dado para comprarme un bocado de pan, lo he gastado en licor. Siempre creí que Dios se había olvidado de mí para siempre.

Raquel: No, papá, Él nunca te ha olvidado, Jesucristo te ama papá. Cristo aún te ama.

David: ¿Cómo es posible? Hija mía, yo sólo estaba esperando la muerte en este sombrío lugar. ¿Cómo es posible que Dios se acuerde de mí, aún y cuando yo le fallé? *(solloza).*

Raquel: Tú no le fallaste, Dios tenía sus planes. ¿Recuerdas el niño que llevaste a Cristo? *(David asiste con la cabeza).* Pues ahora es el líder del avivamiento en su país y miles han sido convertidos a Cristo a través de su mensaje. Mahotura Shegei es ahora un exitoso siervo de Dios que viaja por todo el mundo predicando el evangelio.

David: ¡Pero cómo! ¡Esto es maravilloso, Raquel hija mía! *(con gozo)* y yo que pensé que Dios no existía para mí *(con pesar).*

Raquel: Pues sí que existe y quiere tu reconciliación con Él.

David: Dios no me va a perdonar, he sido tan malo...

Raquel: Claro que sí, Dios es amor. Al corazón que se acerca a Él arrepentido nunca lo rechazará.

David: Y si mi corazón está arrepentido... Raquel, quiero pedirle perdón... *(Se hinca y empieza a orar:)*

"Dios, no sé cómo decírtelo, he sido un rebelde todos estos años, pero hoy he visto tu bondad. Sé que tú en realidad me amas...en realidad estoy muy avergonzado. Quiero... quiero... Señor Jesús... *(Empieza a llorar a grito abierto)*. Quiero que me perdones, he sido un insensato. Padre al corazón humillado tú no desprecias. Señor Jesús abro la puerta de mi corazón una vez más; esa puerta que estuvo sellada para ti durante 21 años. Quiero que tú seas mi Señor una vez más, me reconcilio contigo... Gracias, oh Jesús querido, Gracias, Gra... *(No termina de decir la palabra completa cuando le da un dolor intenso y se duele:)* ¡Ahhhhhh!

Raquel: *(en todo el tiempo de la oración estuvo alabando y orando a Dios, y cuando su padre empieza a quejarse de inmediato habla y se acerca)* Papá, ¿qué te pasa?

David: Ahhhhhhhhh! *(y cae al piso).*

Raquel: ¿Qué sucede contigo papá?

Lo mueve, le toma el pulso y se da cuenta que está muerto, luego pone su cabeza y sus manos sobre el pecho del cuerpo muerto y llora en silencio.

Escena VIII - Su Verdadero Hogar

Escenario: la escena debe semejar el cielo, en ella aparece David y dos ángeles que le dan la bienvenida. Entonces se escucha una voz desde lo alto. Cuando escucha la voz de Dios, David, que está vestido de una túnica blanca, se postra en el suelo.

Voz de Dios: David Floy, mi siervo. Yo envié por ti para salvarte. Tu nombre aparece con letras brillantes en el libro de la vida del Cordero. Aquí encontrarás descanso para tus dolores. He reservado para ti un galardón por tus victorias en África. Porque yo fui quien te envié. Yo fui el que te hable y yo fui quien permití que tu esposa muriera para probarte. Aún en tu rebeldía yo te he amado, hijo mío. Aún y cuando tú me negabas yo estuve velando para acercar tu alma a mí. Y por cuanto has oído mi voz, por cuanto haz obedecido a mi último llamado al arrepentimiento, yo restituyo tu corona y te doy un nombre nuevo. Ven buen siervo y fiel sobre poco has sido fiel sobre mucho te podré, entra en el gozo de tu Señor.

Fin de

"La Rebelión,

un Drama de Misiones"

Las Manos de Catalina

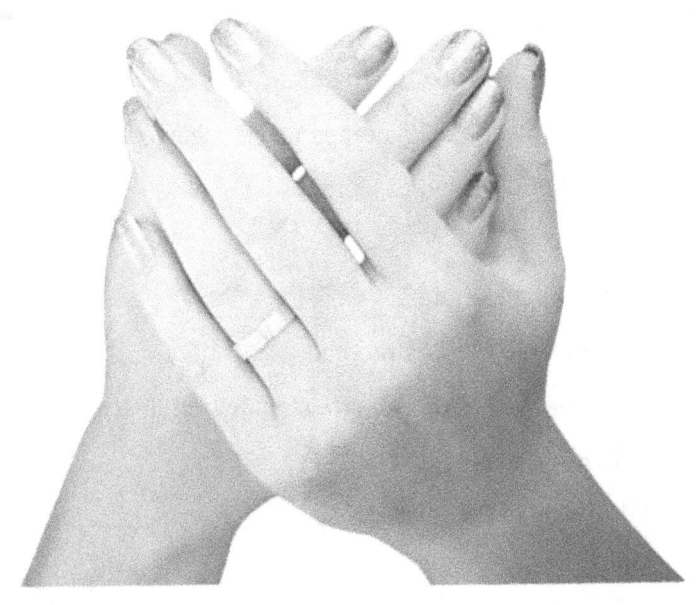

PERSONAJES

Daria, anfitriona de una fiesta importante.

Facundo, servidor de Daria.

Victoriano, líder de la misión encargada por Baco.

Marta, actriz miembro del club.

Estaquis, invitado acompañante de Marta.

Invitado 1.   **Invitado 2.**   **Invitado 3.**

Baco, jefe del club satánico.

Gillette, personaje principal.

Yadira, novia de Gillete.

Vecino, nuevo vecino de Gillete.

Gina, secretaria de Gillete.

Tadeo Tirson y Gregorio Capitel, nuevos dueños de la empresa de Gillete.

Ulda, hermana de Gillete (no aparece en escena).

EOS, empleado de la compañía de seguros.

Nero, Neto, y **Memo,** ladrones en el parque.

Anciano.

Gespo, secuestrador.

Safira, mujer secuestradora.

Catalina, sierva de Dios (personaje principal).

Feliciano, esposa de Catalina.

Filgilfredo, secuestrador.

Niña.

Escena I - La Fiesta

Escenario: una mujer aparece en la escena tocando el piano. Parece ser una mujer fina y elegante. Tiene un antifaz puesto.

Daria: ¿Ya llegan los invitados Facundo? *(lo dice en tono refinado como una mujer de alta sociedad).*

Facundo: Aún no ha llegado nadie señora pero todo está preparado.

Daria: ¿Están puestos lo canapés en la mesa principal?

Facundo: Tal y como lo ordenó usted.

Daria: Perfecto. Creo que no falta nada. Tan sólo esperar los invitados.

Suena el timbre de la puerta.

Daria: ¿Quién será? Es el primer invitado. ¿Qué hora es?

Facundo: Son las 12:00 en punto, señora.

Daria: Llena a tiempo. Pero vamos, ve a abrir la puerta. No te tardes.

Facundo: Desde luego que sí, señora, a sus órdenes.

Victoriano: *(llega vestido también de disfraz)* ¿No me reconocerías sino hablara; verdad, Daria?

Daria: Ya sabes que a mí no se me escapa nada, Victoriano. Aun si deformaras tu voz conocería de quien se trata. Recuerdas que tengo habilidades extrasensoriales.

Victoriano: Y no sólo eso, sino que te ves hermosa. Tú siempre tan hermosa, Daria.

Daria: Desde luego que sí. Joven y hermosa; aunque me falte un poco de modestia por mi belleza los hombres me admiran.

Victoriano: ¿Qué pieza tocabas?

Daria: Una de Bach. La tocaba para ti querido, pues sé que esa te gusta.

Victoriano: ¿Cuál de ellas?

Daria: Sonata BWV 527.

Victoriano: ¡Sí, esa es mi favorita! ¿Cómo lo sabías si yo jamás te mencioné nada de eso?

En eso tocan a la puerta de nuevo.

Daria: Victoriano, puedes pasar a la mesa. Puedes probar los canapés que ya tenemos preparados. ¡Facundo! *(grita).*

Facundo: Señora, voy a abrir la puerta, algo más que me pida usted. Lo haré con gusto.

Daria: Deben ser Gregorio y Marta.

Facundo: Iré a ver. Le aviso a usted.

Daria: No, iré yo misma.

Llegan los invitados, no sólo ellos sino unos cuantos más.

Daria: ¡Marta! ¡Gregorio! ¡Ustedes siempre tan guapos! ¡Y tan elegantes! Sé que te ha ido muy bien Marta que ya estás contratada para tu una nueva película. Sé que tendrás mucho éxito, preciosa. Tu siempre tan talentosa y bella, tu esposo debe estar muy orgulloso de ti.

Marta: Sí que lo está, ¿verdad Estaquis?

Estaquis: Desde luego que sí, querida. Aunque ya sabes que esta noche venimos a divertirnos, no hay porque hablar de esas cosas. Dejamos todos los prejuicios de parejas a un lado.

Marta: No le hagas caso, ya ves que a veces dice cosas raras… ja, ja.

Daria: ¡Oh, sí! Desde luego. Nada de prejuicios y muchísimo respeto Estaquis. Tú sabes que nosotros somos la alta sociedad y el ejemplo supremo de ella.

Marta: ¡Sí! Tenemos sobre nuestros hombros tan tremenda responsabilidad.

Daria: Pero pasen a la mesa, no quiero que tomen algún bocadillo. No tardan en llegar los demás invitados.

Invitado 1: ¡Hola, Daria! Disculpa que demoramos un poco.

Daria: No se preocupen, son absolutamente bienvenidos. Pasen ustedes por favor.

Invitado 2: ¡Daria, querida! ¡Qué gusto verte! ¡Tú siempre tan distinguida, amor!

Daria: Desde luego que sí, hermosa. Tú no te quedas tan atrás. ¡Bienvenido (a)!

Invitado 3: ¿Estamos a tiempo aún?

Daria: ¡Pero por favor, pasen ustedes! ¡Les estábamos esperando tan sólo faltaban ustedes!

Todo el tiempo, persona que va llegando se pone a conversar hasta que se hace un gran ruido de conversaciones. Daria continúa saludando personas y conversando con uno y otro por un momento, luego se escucha de nuevo su conversación con Victoriano.

Daria: Ya sabes que hoy se consagra la misión.

Victoriano: Desde luego que sí. El gran jefe me seleccionó para ello.

Daria: Será una gran responsabilidad, pero sé que lo harás con maestría. Te conozco, sé que lo harás bien.

Victoriano: Tengo que hacerlo bien. Ya sabes que no tengo otra opción.

Daria: Lo sé.

Victoriano: ¿Por cierto donde está él?

Daria: Ya sabes que siempre se tarda. Como para esperar a que lleguen todos.

Victoriano: Espero ahora tenga un poco de mejor humor.

Daria: ¡Ni lo sueñes! Eso no es posible.

Victoriano: ¡No sé porque digo esas tonterías! *(se ríen un poco).*

Daria: Ya supiste que ya no soy la reina.

Victoriano: ¡Sí! Qué lástima. Tú me agradabas muchísimo.

Daria: Ahora mi lugar lo ocupa una chica mucho más joven y bella que yo.

Victoriano: Pues será mucho más joven. Pero no más bella. Tú eres más bella que ella.

Daria: ¡Por favor! ¡Ya sé porque lo dices! Pero ni creas que…

Victoriano: ¡Tonta! ¡Por qué dices nada!

Daria: ¿Ya tienes algo más de información?

Victoriano: Nada aún. Hoy pero más tarde la tendré. Ya sabes que vamos paso a paso. Hoy es el día de la consagración y luego lo demás.

Daria: ¡Demora! *(Ve el reloj).*

Victoriano: Ya estas desesperada. ¿No es así? Cálmate. Ya no debe tardar, ya sabe que todos estamos aquí. Por lo pronto comamos algo, ¿dónde está Facundo?

Daria: ¡Facundo!

Llega Facundo rápido.

Facundo: Señora, diga usted.

Daria: Tráenos algo de comida. Y un coñac.

En eso llega Baco.

Victoriano: Ya llegó Baco. ¿Ya lo viste?

Daria: ¡Pero qué estoy haciendo aquí! Déjame ir a recibirlo… ¡Baco! ¡Qué bueno que ya llegaste!

Baco: *(sin mostrar ninguna seña de emoción)* ¿Ya llegó Victoriano?

Daria: Si. Fue el primero que llegó.

Baco: Dile que esté listo porque la ceremonia va a empezar en unos minutos.

Daria: Desde luego. ¿Todo está bien?

Baco: Conmigo todo siempre está bien, ¡qué pregunta es esa!

Daria: ¡Perdóname, Baco!

Baco: Anda, vete y dile lo que te he dicho a Victoriano. *(Luego Baco alza la voz y dice:)* Invitados, he organizado esta fiesta para tener nuestra ceremonia de consagración para nuestro hermano Victoriano. Victoriano, ven aquí. Quiero que estés aquí con migo.

Victoriano: Estoy aquí, jefe. Estoy listo.

Baco: Esto se trata en esta ocasión de algo diferente a lo que ya hemos hecho. Y como siempre tendremos una señal significativa. ¡Daria! ¿Estás lista?

Daria: Desde luego que sí, Baco.

Baco: ¡Dámelo!

Daria le da un cuchillo.

Baco: Dame tus mano derecha Victoriano. *(Victoriano le da la mano derecha y el corta un poco su piel para que brote la sangre).*

Baco: Deja que la sangre llene tus manos. ¡Ahora hazlo!

Victoriano imprime sus manos en la pared con la sangre. Luego todos aplauden y facundo le da una tela para que Victoriano se limpie las manos.

Baco: La advertencia, como ya sabes, es que, si no lo haces, el precio por ello es tu vida. Por lo que te aconsejo que hagas las cosas bien, por tu propio beneficio.

Victoriano: Así será, Baco, lo prometo.

Baco: Está bien que lo prometas. Pero, para serte sincero, tu vida no me importa sino que cumplas el plan para que continúes viviendo. Esto si quieres.

Victoriano asiste con la cabeza esta vez.

Baco: Bien. Ahora sí, la fiesta empieza. ¡Vamos a empezar! Hay mucho vino para beber mis amigos… yo invito el vino… y bueno, pues ya saben cómo es que solemos nosotros divertirnos. *(Se ríe diabólicamente).* Y se quita el disfraz, se trata de un demonio *(el cual estaba vestido de un disfraz de ángel).*

Escena II - El Rompimiento

<u>Escenario:</u> el escenario es un parque en donde está una banca. En ella están sentados Yadira y Gillette.

Gillette: ¿Qué has pensado?

Yadira: Esto no es fácil Gillette.

Gillette: Dímero, aunque sea duro, yo lo aceptaré.

Yadira: Tenemos ya tres años de noviazgo, pero creo que no estoy segura. Me da mucha pena contigo.

Gillette: Me pregunto qué es lo que hice mal.

Yadira: Tú no hiciste nada mal. Soy yo.

Gillette: ¿Eres tú? ¿Tienes a otro?

Yadira: No es eso…

Gillette: ¿Tienes a otro que piensas que es mejor que yo?

Yadira: No pienses eso, sólo que tu carácter.

Gillette: ¿Qué tiene mi carácter? *(Lo dice ya en tono molesto).*

Yadira: ¡Lo ves! Eso no lo puedo soportar más. Si así te portas siendo novios no quiero pensar cuando seamos esposos.

Gillette: Estas poniendo tan sólo una excusa, no te había escuchado decir nada similar desde que te conocí. Si no te gustaba mi carácter me lo podrías haber dicho desde hace tiempo, ¿no te parece?

Yadira: Gillette. Dame un tiempo. Nos vemos dentro de un tiempo y volvemos a platicar para ver que he pensado. ¿Qué te parece?

Gillette: Creo que no tengo opción. Seguramente nadie te amará como yo te amo.

Yadira: No digas esas cosas porque me vas a hacer llorar.

Gillette: Sé que tú también me amas pero me dejas tan sólo porque estoy enfermo. Eso es.

Yadira: ¡No! De ninguna manera. Eso me da mucha pena. En verdad Gillette. Sé que eso es bastante duro para ti…

Gillette: ¿Bastante duro? Voy a morir, Yadira. Aún no lo entiendes.

Yadira: Sí. Lo siento en verdad.

Gillette: ¿Eres demasiado egoísta que no me quieres hacer feliz ni los últimos días de mi vida?

Yadira: Yo no te merezco, soy demasiado mala.

Gillette: ¿Estas delirando? Primero yo era el malo y ahora tú eres la mala… ¡No! ¡No! Ahora sí creo que me dejas por otro.

Yadira: Estoy confundida.

Gillette: Háblame de él.

Yadira: Tú has sido bueno conmigo, Gillette. En realidad puedo decir que eres el mejor hombre del mundo. Pero es que tengo que tomar una decisión y creo que ya la he tomado.

Gillette: Pero que es lo que te vislumbró de Tomás.

Yadira baja la cabeza.

Gillette: Al menos quiero saberlo. ¿Será que tiene más dinero que yo? ¿Qué él está sano y yo soy un enfermo que está rumbo al cementerio? ¿Será que eso es lo que te ha vislumbrado?

Yadira: Gillette, compréndeme. No quiero que tengas malos recuerdos de mí.

Gillette: ¡Y ese miserable es un traidor! ¡Qué enamorar a mi novia formal! ¡Eso es una canallada!

Yadira: Tomas es buen hombre, la mala soy yo.

Gillette: ¡Sí! ¡Los dos! Lo bueno es que fue ahora y no cuando nos casáramos.

Yadira: No quiero que vayas a hacer alguna locura.

Gillette: ¿Locura yo? Por favor. No sabes con quién estás hablando. No me voy a rebajar a hacer nada que tenga que ver con ustedes, por mi pueden divertirse todo lo que se les antoje.

Yadira: ¿No me odiarás?

Gillette: ¡Cómo no odiarte! Eso es completamente injusto. ¿Qué fue lo que te hice? Dices que mi carácter. ¡Eso no lo admito!

Yadira: ¡Quiero que quedemos como amigos! No sé lo que pase en el futuro. No quiero perderte de vista del todo.

Gillette: ¡Eso es increíble, todavía quieres tenerme como opción! Realmente eso es estar mal de la cabeza, para el tiempo que me queda de vida…

Yadira: ¡Oh sí, lo olvidaba!

Gillette: Eres la persona más egoísta del mundo. Y pensar que yo estuve enamorado de ti. Lo estuve por tu belleza. No mereces mi amor. Más bien quiero que te vayas de mi vida para siempre.

Yadira: *(lo dice molesta)* ¡Cómo tú digas!

Gillette: ¡Eso es lo que querías!

Yadira: Yo no quería nada.

Gillette guarda silencio por un momento.

Yadira: Me voy. La pasé bien contigo. Tan sólo quiero que te quedes con ese pensamiento.

Ella se va.

Gillette: *(ya solo)* ¡No sé qué es lo que está pasando! Primero lo de la enfermedad incurable y ahora esto. No puede ser. No sé qué pasará después. Ahora ¿qué viene? No le he avisado a mi familia… espero ellos sí me comprendan. Sí me comprenderán. ¡Son mi familia! Las personas que más amo en el mundo y las que más me aman a mí… eso espero.

Se escucha un gruñido de un perro, luego un perro (puede ser de felpa) se va contra Gillette, quien hace un movimiento rápido, saca un puñal y lo mata.

Vecino: ¡Oh, no! ¡Qué es lo que pudo haber pasado! Mi perro se soltó de mi correa. Discúlpame mucho.

Gillette: Venía contra mí. Eso es peligroso tuve que actuar.

Vecino: El perro ha muerto. Teníamos ese animal desde pequeño. Es una pérdida para mí.

Gillette: Ese perro valía más que yo seguramente.

Vecino: No estoy diciendo eso. Pero no tenía por qué matarlo.

Gillette: Ese animal venía en contra mía. ¿Quién es usted?

Vecino: Pues fue muy certero al darle en precisamente en el hocico. Soy su nuevo vecino y me apena mucho que nos hayamos conocido en estas circunstancias.

Gillette: Siento lo de su perro. Pero la verdad le vi como una amenaza.

Vecino: ¿Estuvo usted en el ejército?

Gillette: Sí, ¿cómo lo supo usted?

Vecino: Vi su agilidad. Pensó usted muy rápido y actuó como lo hiciera alguien que está entrenado.

Gillette: Hace tiempo que no entreno, a decir verdad. Pero tuve un algo rango en el ejército *(aunque muy joven)* luego me dediqué a los negocios. Mi familia era pobre pero luego con mis negocios ellos viven muy bien y yo estoy orgulloso de haberlos ayudado.

Vecino: ¡Vaya! ¡Mira nada más a quien tengo por vecino! ¡Entonces usted es uno de esos sujetos de buen corazón y talento!

Gillette: ¿A qué se dedica usted?

Vecino: Yo soy corredor de seguros. Me ha dado un gran placer conocerlo. Tengo que continuar, ¿se queda usted aquí?

Gillette: Pues si no fuera por esa destreza y talento que usted menciona mi día hubiese sido peor aún. Me quedaré aquí. Tengo algo que meditar un poco aún.

Vecino: Claro que no comprendo de lo que me habla, pero seguro se trata de algún asunto personal.

Gillette: Me acaba de cortar mi novia. Tuvimos una relación de tres años y se fue con otro.

Vecino: ¡Lo lamento tanto! Pero al menos fue ahora y no estando ya casados.

Gillette: Lo sé. Ese es el consuelo que me queda.

Vecino: Tenga ánimo vecino, mi nombre es Ted.

Gillette: El mío es Gillette, mucho gusto.

Vecino: El gusto es mío. Espero que seamos buenos amigos aún y el incidente este.

Gillette: No se preocupe usted. El perro ya está muerto y me gustará procurarle otro. Eso no fue culpa suya.

Vecino: ¡Qué pena! ¡No! Al fin un accidente pero el culpable soy yo enteramente. No quiero abusar de su buena voluntad. ¿La quería usted?

Gillette: A decir verdad mucho. Sí, hasta podemos decir que la amé.

Vecino: ¡No me diga! Hasta ese punto.

Gillette: ¡Sí! Creo que fui un tonto al creer en ella. Pero me traicionó.

Vecino: La gente es así a veces. El mismo Jesús fue traicionado.

Gillette: Creo que Jesús debe estar impuesto a eso. Hay muchos que lo traicionan.

Vecino: Sí, vecino, pero Él nos seguirá amando y aceptando.

Se oyen truenos y empieza a llover.

Gillette: Creo que ya no podemos estar aquí. Nos veremos luego.

Vecino: Yo llevaré a Rambo a casa para sepultarle. El cielo está triste por su muerte.

Gillette: Espero lo esté también por la mía.

Vecino: ¿Eh? ¿Cómo dice? ¡Oh, sí, lo de su novia, es como una muerte emocional verdad. No lo tome así. Ya se repondrá.

Ambos abandonan el escenario.

Escena III - La Respuesta de la Oficina de Seguros

<u>Escenario:</u> *una oficina bien adornada.*

Gillette: *(llama por teléfono a su secretaria)* Gina, puedes venir por favor.

Entra Gina y dice:

Gina: Dígame.

Gillette: Busca los datos de un hombre que hace algún tiempo le vendimos unas acciones del consorcio. Este hombre vive en Houston y tiene una empresa llamada Carl's Grispol.

Gina: Desde luego que sí, señor. ¿Aprovecho para decirle los pendientes?

Gillette: Sí, adelante.

Gina: Tiene usted cita con Javier Teté a las 4:00 pm, luego vuela usted a Hamburgo para una cena de gala. Tiene usted una fiesta con la familia Giovanni. Le tengo una correspondencia ya ordenada por importancia y urgencia. ¡Ah! y por poco se me olvidaba… Ahora mismo le tengo esa información referente a Carl's Grispol . Hay por cierto unas personas afuera que le buscan.

Gillette: ¿Quiénes son? ¿Ya se identificaron?

Gina: No se identificaron como parte de ninguna empresa. Que vienen a título personal.

Gillette: ¿A título personal? No entiendo. ¿Se trata de algunos amigos seguramente? Quienes podrán ser… no recuerdo haber hecho cita con ninguna persona. ¿Tengo alguna cita con ellos?

Gina: No señor. Tan sólo dieron sus nombres *(Gina se los da en una tarjeta).* Me dijeron que usted ya sabe de quienes se trata.

Gillette: *(viendo la tarjeta)* Pues no reconozco sus nombres. Deben ellos estar equivocados.

Gina: No lo creo señor porque entre pláticas con ellos hablaron de Ulda y Alfredo.

Gillette: Pues no los reconozco, pero puede ser que sea algo importante. Hazlos pasar por favor, y apresúrate en mandarme esa información.

Entran dos señores trajeados.

Tadeo Tirson: ¿Es usted el señor Gillette Alfer?

Gillette: Sí, señor…

Tadeo Tirson: Soy Tadeo Tirson.

Gregorio Capitel: Y yo Gregorio Capitel.

Gillette: A sus órdenes señores, en que puedo servirles.

Tadeo Tirson: Venimos a informales que somos los nuevos dueños del Consocio.

Gillette: a ver cómo dice… *(Con voz titubeante e incrédula; alguna sonrisita furtiva).*

Gregorio Capitel: Señor Alfer, tiene que abandonas las instalaciones en 72 horas.

Gillette: Esto debe ser una broma. ¡Voy a llamar a la policía!

Tadeo Tirson: Tranquilícese Sr. Alfer, me sorprende que esta noticia le tome por sorpresa *(le dice esto extendiendo unos papeles).*

Gillette: *(leyendo los papeles)* ¡Esto es una terrible traición! ¡Miserables!

Gregorio Capitel: ¿Cómo dice?

Gillette: Mis hermanos les vendieron a ustedes mis acciones. Y yo que les tuve toda la confianza… ¡Esto no puede ser! ¡Me han traicionado! ¡Mi propia familia me ha traicionado!

Tadeo Tirson: Lamentamos mucho lo que ha sucedido Sr. Alfer, en verdad nos apena la pérdida que usted ha sufrido y nos gustaría hacer algo por usted, pero me temo que por ahora lo que necesita usted es extraer algunas cosas personales de este lugar e irse en menos de 72 horas.

Gillette: ¡No es posible! ¡Mi propia familia me ha dejado en la calle! ¿Me permite hacer una llamada?

Marca el teléfono.

Gillette: ¿Ulda? ¡Quiero verte de inmediato! ¿Qué no puedes? ¡Cómo de que no vas a poder! ¿Qué es lo que han hecho miserables! ¡Son ustedes unos avariciosos sin medida! ¿No les importó hacerme esto a mí? ¡A mí que soy su hermano! *(grita con voz de ira).*

La conversación pasa con sonido del escenario.

Ulda: ¡No vayas a intentar hacer algo que luego te pese, Gillette!

Gillette: ¿Intentar qué? ¿Matarlos? Son ustedes unas cucarachas.

Ulda: Depón tu ira Gillette. Así es la vida. La vida es dinero y nada más. El que sea tu hermana no significa que no voy a aprovecharme de todo cuanto pueda por ganar un poco más.

Gillette: ¡Eres una canalla! ¡Esto que han hecho es un robo!

Ulda: Técnicamente no lo es.

Gillette: Yo confié en ustedes porque son mis hermanos…

no llegaran muy lejos. Esto es algo que les pesará después. ¡Me han traicionado! ¡Son ustedes unos traidores!

Ulda: Llámalo como quieras. Ahora te conviene abandonar lo más pronto posible la oficina si no quieres que los nuevos dueños te echen. Negocios son negocios.

Tadeo Tirson y **Gregorio Capitel:** Nosotros nos vamos, estimado Sr. Alfer. En realidad nos da mucha pena lo que ha sucedido.

Gregorio Capitel: En realidad no me interesa su vida familiar, pero a decir verdad esto que está sucediendo es algo bastante terrible. No me gustaría estar en sus zapatos.

Se van los trajeados dejando a Gillette sólo.

Gillette: ¡Esto es desesperante! ¿Ahora qué voy a hacer? ¡Me han dejado en la calle y no les ha importado! ¡No lo puedo creer! ¡No lo puedo creer!

Suena el teléfono.

Gillette: ¿Si?

Se escucha la voz de Gina: "Tiene una llamada señor Gillette".

Gillette: Que amable Gina, pásemela por favor.

Empleado de la oficina de seguros: ¿Señor Gillette?

Gillette: ¡Dígame! ¿Sí?

EOS: Le habla Ordoñez, el de la compañía de seguros. Le tengo noticias.

Gillette: Sí... yo escucho... *(con voz bastante desalentada).*

EOS: Lamentablemente el seguro no podrá cubrir los gastos de su enfermedad. Hice en realidad todo lo posible y estudiamos bien su caso pero debido a lo que ya le expliqué, el seguro no podrá cubrir los gastos.

Gillette: *(gritando)* ¿Qué? ¡Esto no es posible!

EOS: Lo siento Sr. Gillette. Me gustaría ayudarle pero no puedo, no está en mí poder hacerlo. Me encantará servirle en alguna otra ocasión. Que tenga una buena tarde. Bye.

Gillette cuelga el teléfono.

Gillette: No entiendo lo que está sucediendo. Son demasiadas cosas al mismo tiempo. Creo que Dios me ha abandonado. *(Se inca y llora)*. ¿Por qué Dios? ¿Por qué? *(Lo dice dramáticamente)*.

Escena IV - La Propuesta de un Anciano

<u>Escenario:</u> puede aprovecharse el escenario de la escena II o bien algún otro más espectacular con tal de que sea afuera, un lugar abierto de la ciudad. Gillette se ha convertido en un vagabundo y su vestimenta tiene que ser de un hombre andrajoso.

Se escuchan las sirenas y una señora gritando: "Por ahí se fue, no deje que se escape" Gillette aparece en la escena corriendo y se mete a un callejón donde se esconde y luego pasa la policía de largo.

Gillette: ¡Los he perdido! Y pensar que todo por ese bolso… a ver, vamos a ver que trae de valor… ¡nada! ¡No trae dinero! ¿Por poco voy a la cárcel y no trae dinero? ¡Oh, no! Que estoy haciendo de mi vida. Nunca pensé que caería tan bajo.

Se encamina al escenario en donde está el parque y al llegar, llegan con Gillette tres sujetos.

Nero: ¡Ey, mírenlo ahí está! ¡Es él!

Neto: ¡Ey, amigo, ya te vimos! ¡Robaste un bolso a una señora!

Gillette: ¿Quiénes son ustedes? Yo no robé nada.

Memo: No me vayas a decir que eres travesti y ese bolso es tuyo.

Gillette: Es de mi madre.

Nero: No mientas, cabeza hueca, a nosotros no nos puedes engañar.

Gillette: Y a todo esto a ustedes que les importa. ¿Trabajan en la policía? ¡Pues si es así están muy bien disfrazados, eh! *(los mira de arriba abajo).*

Nero: No sabes que este es nuestro territorio. Porqué te metes a nuestro territorio.

Neto: ¡No sabes que ese ha sido el error de algunos que ya no están en este mundo!

Gillette: No me amenaces. Pues tú no sabes quién soy. Ni lo que puedo hacer.

Memo: ¡Uy qué miedo! ¡Pues eres un pobre diablo, un vagabundo miserable!

Gillette: Vale más que midas tus palabras porque no respondo.

Neto: Somos tres contra uno. Te estás metiendo en problemas amiguito.

Nero: Yo diría que ya está en problemas.

Memo: ¿Qué te parece si le damos una calentadita, tan solo para que escarmiente muchachos?

Nero: ¡Va! ¿Quién va primero?

Neto: ¡Yo!

Cuando dice "yo" le da un puñetazo en la boca del estómago y se inicia una lucha en la que Gillette es más bien el que les da un escarmiento a ellos y los tres muchachos terminan huyendo. Queda Gillette sólo y se sienta en la banca.

Gillette: ¡Pues que se creen esos buenos para nada! ¡A poco creían que iban a poder conmigo! Ja ja ja… tengo sed, donde podré encontrar agua.

Aparece en escena un anciano un vestido un poco extraño, de barbas largas y blancas… se sienta en la banca pero Gillette no se da cuenta de ello hasta que le habla.

Anciano: Aquí está el agua que necesitas.

Gillette: ¡Me asusta usted! ¿De dónde apareció que nunca lo vi que viniera?

Anciano: Te viste hábil contra esos maleantes…

Gillette: Sí, claro, pero, ¿de dónde vio usted el pleito?

Anciano: Lo vi todo. Neto, Nero y Memo… esos son unos vividores… como tú, más no exactamente.

Gillette: ¿Por qué no exactamente? ¿Cuál es la diferencia conmigo? yo también soy un ladrón como ellos y estoy usurpando de alguna manera su "territorio," creo que mañana ya no estaré aquí, porque esta vez me escapé, pero seguro fueron por armas y refuerzos, la próxima vez no tendré tanta suerte.

Anciano: Tú eres distinto.

Gillette: No lo entiendo. Será que no habla tan "corriente como ellos".

Anciano: Tu eres nuevo en esto, hijo. Robar nunca fue lo tuyo.

Gillette: Sí, eso es cierto, pero ¿cómo es que sabe usted eso?

Anciano: No sólo eso, se además otras cosas.

Gillette: *(hace cara de asombro y hasta de susto)* ¿Otras cosas?

Anciano: Sé que fuiste traicionado por tu novia y tu mejor amigo; por tu familia… quedaste en la calle y por eso es que estas aquí.

Gillette: ¿Cómo sabe usted eso? ¡Es verdad! ¡Yo a usted jamás lo había visto en mi vida!

Anciano: También sé que estuviste en el ejército y por eso tienes tanta destreza y pudiste ahuyentar a esos maleantes.

Gillette: ¡Eso también es cierto! ¡Estoy bastante impresionado! ¡Esto parece ser algo fuera de este mundo! ¡Algo... de Dios o del diablo!

Anciano: Tengo una misión para ti.

Gillette: ¿Qué? No escuché bien, ¿una misión para mí?

Anciano: Sí, eso fue lo que dije, que tengo una misión para ti.

Gillette: Pero, vamos a ver... yo a usted no lo conozco, jamás lo he visto en mi vida. No lo vi siquiera si vino del norte, del sur, este u oeste... de pronto lo vi sentado aquí. Me cuenta mi vida... y ahora ¿dice que tiene una misión para mí?

Anciano: Así es. Tengo una misión para ti y esa es la razón por la que estoy aquí.

Gillette: En verdad, usted no está loco, pues si lo estuviera no me hubiera dicho con exactitud mi vida. ¡No sé qué pensar de esto!

Anciano: Quiero que vayas a esta dirección y hagas lo que sabes hacer *(le entrega una tarjeta con algo escrito).*

Gillette: ¡Con que lo que sé hacer ehh! pero yo que ganaré con eso. ¿Tengo alguna ganancia por esto?

Anciano: Tu ganancia es que harás una buena obra antes de morir.

Gillette: ¿Antes de morir? *(Gillette empieza a llorar abundantemente).* No es posible... Usted es como Dios, sabe todo de mi... necesito ayuda...

Anciano: ¿Quieres que te ayude?

Gillette: ¡Sí! Por favor, señor… creo que usted tiene los poderes para ayudarme.

Anciano: ¡Bien! Te ayudaré, pero luego que hagas lo que te he pedido y cumplas con la misión.

El anciano desaparece y queda Gillette con las manos sobre la cara. luego se asombra al ver que el anciano ha desaparecido... la escena termina en que Gillette se queda viendo la tarjeta.

Escena V- El Rescate

Escenario: un lugar semi–oscuro, con una lámpara opaca colgando del techo hacia el centro de una mesa en donde cuatro personas están sentadas jugando un juego de cartas.

Gespo: ¿Cuánto tiempo lleva ahí? *(lo dice con un cigarro en la mano).*

Figilfredo: Ya lleva 15 días.

Gespo: ¿Hasta cuándo la van a tener ahí?

Safira: Pues hasta que Victoriano diga. Desde luego.

Figilfredo: ¡Hey no hagas trampa! Ya te vi, Gespo…

Gespo: ¡Nada! tú eres quien está haciendo trampa…

Se empiezan a pelear, en esto aparece Victoriano.

Victoriano: ¡Déjense de pelar bobos! ¡Son ustedes unos animales! ¡Yo ni sé porque están conmigo! Sepárense *(los separa etc.)*, estoy esperando una llamada muy importante.

Figilfredo: ¿Una llamada? ¿De quién es la llamada?

Victoriano: Que te importa estúpido. Ocúpate de tu propio trabajo y vale más que lo hagas bien.

Suena el teléfono.

Victoriano: Esa es la llamada que estoy esperando... espera Safira no contestes tú, yo contestaré. Es seguro que es él...

Pasan la llamada al aire.

Baco: Bueno, ¿Victoriano?

Victoriano: Aquí estoy jefe, listo para recibir instrucciones.

Baco: Espero que las sigas al pie de la letra sino tú ya sabes lo que pasará. Tú conoces muy bien cómo suelo pagar los errores. Hasta ahora lo has hecho bien, pero viene lo final.

Victoriano: Eso será fácil. ¿Quieres que lo haga hoy mismo?

Baco: Hoy mismo sin falta. Recuerda la ceremonia... ¿No fue hermosa esa ceremonia? Ja, ja, ja.

Victoriano: Sí, Baco, Ja, ja, ja... todo ha sido idea tuya.

Baco: Sí, todas las ideas son mías... Ja, ja, ja. Después de que lo hagas vamos a celebrar con mucho vino. ¡Mucho vino! Ja, ja, ja. Hoy es la fiesta de celebración. Espero no eches a perder las cosas, Victoriano. En una hora estoy ahí, quiero ver la sangre fresquecita.

Victoriano: Claro que no voy a hacer mal las cosas, Baco. Nunca he quedado mal.

Baco: Eso debo admitir que es verdad, por eso te elegí para esta importante misión.

Victoriano: Gracias Baco, eres muy generoso...

Baco: ¿Generoso yo? Ja, ja, ja... No sólo generoso... sino puedo decir que te amo... ja, ja, ja. *(Se ríe diabólicamente y cuelga el teléfono).*

Gespo: ¿Victoriano?

Victoriano: Hoy es su último día.

Safira: ¡La dejarás libre!

Victoriano: ¿Dejarla libre? ¡Qué tontería dices, Safira! Me apenas que estés en mi equipo. ¡Me dan asco! Si la dejáramos libre a mí me costará la vida. Y ustedes… ¡pues la de ustedes también! Ja, ja.

Figilfredo: ¿Por qué dices que hoy es su último día?

Victoriano: Porque he recibido instrucciones de Baco que la matemos hoy a la manera que él ha dicho.

Safira: ¿Cuál es esa manera?

Victoriano: Safira, trae el hacha que está detrás de la puerta.

Gespo: ¡No de esa manera!

Victoriano: ¿Qué tienes tú, Gespo? Tráemela acá.

Gespo: ¿Qué?

Victoriano: ¡Qué traigas acá la mujer! ¡Qué no entiendes pedazo de tonto!

Gespo: ¡Sí, Victoriano, no te enfades! Lo traigo en seguida.

Gespo y Filgilfredo van y traen a una mujer con vestimenta raída, vendada, atada de pies y manos a una silla y amordazada.

Victoriano: *(teniendo el hacha en las manos ordena)* ¡Desátenle las manos! Desátenle las manos y sujétenlas sobre la mesa.

Safira: ¡Victoriano! ¿Qué es lo que vas a hacer?

Victoriano: ¡Lo que ves!

En eso alza el hacha y justo en el momento que iba a cortar las manos, Gillette aparece y lo impide. Trae una pistola en la mano… Gillette está encapuchado… dispara para que Victoriano tire el arma.

Victoriano: ¡Qué es esto! ¿Quién eres tú?

Gillette: ¡Eso no te importa! Tú, *(dirigiéndose a Safira)* desátala. ¡Vamos, muévete, desátala ahora! *(Safira lo hace).*

Catalina: ¡Gloria a Dios! ¡El Señor ha enviado su ángel para liberarme de la muerte! ¡Alabado sea nuestro Dios bendito! "Él te librará del lazo del cazador..." Él lo ha hecho ¡Aleluya! ¡Nuestro Dios ha vencido!

Gillette: Nadie se mueva.

Luego se va con Caterina, le ayuda porque está muy débil, y deja encerrados a los demás.

Safira: *(forcejeando la puerta)* Ese perro nos ha dejado encerrados...

Victoriano: *(mirando el reloj y temblando de miedo)* ¡Oh, no! Ya no debe tardar Baco, para estas cosas sí es muy puntual. *(Con visible terror en sus palabras).*

Se escucha tocar la puerta.

Baco: ¿Pero qué es esto? Porqué está atracada la puerta por fuera... *(Luego entra).* Victoriano... No veo la sangre... ¿Lo hiciste afuera? ¿Dónde está el cadáver? ¡Quiero ver el cadáver!

Victoriano: *(con voz temblorosa)* No hay cadáver, Baco...

Baco: ¡Miserable animal! ¡Qué hiciste mal! ¡Eres un inepto!

Victoriano: Perdóname Baco, es que vino un grupo armado y la liberó. Eran demasiado poderosos para nosotros...

Baco: ¡No mientas! ¡Pues ya sabes lo que sigue, estúpido! ¡Eres un inepto! A ver... Ustedes bobos... Sujeten las manos de este mequetrefe en la mesa...

Ellos lo hacen así. Baco toma el hacha, el escenario gira y se escucha el golpe y el grito de dolor atrás del escenario. Aparece otra escena corta - Gillette habla brevemente con Caterina:

Catalina: ¿Quién es usted? El Señor le envió para salvarme.

Gillette: ¿El Señor? Yo solo sé que estoy haciendo mi última buena obra.

Catalina: ¿Qué dice usted?

Gillette: Hubo un hombre, un anciano que me dijo mi vida. Yo quedé muy impresionado con eso. Yo pienso que fue obra de Dios. Él me dijo que usted estaba aquí y que yo tenía el poder para salvarle y eso es verdad. Yo tenía y tengo la habilidad para hacerlo. Y mírela aquí, libre. Lo he hecho.

Catalina: Pues estoy muy agradecida con usted. Me gustaría estuviéramos en contacto. Me gustaría recompensarlo.

Gillette: ¿Qué recompensa puede haber para mí?

Catalina: El regalo más grande se llama Jesucristo. ¿Cómo se llama usted?

Gillette: Me llamo Gillette.

Catalina: Mi nombre es Catalina. Señor Gillette, usted necesita la salvación de su alma.

Gillette: ¿Qué significa eso?

Catalina: Significa que Cristo murió por usted en la cruz para salvarlo de sus pecados.

Gillette: Señorita, yo lo único que sé es que esta navidad la pasaré sólo y abandonado.

Catalina: Lo invito a mi casa esta navidad.

Gillette: Sería un placer, me encantará.

Catalina: Será usted nuestro invitado de honor.

Gillette: Ahí estaré.

Catalina: Algo más quiero decirle.

Gillette: Dígame usted.

Catalina: Satanás no se ha salido con la suya conmigo y tampoco triunfará con usted. Gillette, tan sólo permita que Dios tome el control de su alma. Y él se encargará de todo lo demás. Esta es mi dirección. Lo esperamos esta navidad.

LAS MANOS DE CATALINA

Gillette queda sólo, aparece el anciano de nuevo.

Anciano: Gillette.

Gillette: Pero si es usted *(sobresaltado)*, ¿cómo es que está aquí?

Anciano: Haz cumplido bien la misión.

Gillette: Pero ¿cómo supo? Bueno sí, ya sé que usted es extraño... sí, lo he hecho. Y me siento fantástico. Creo que jamás me había sentido tan bien en mi vida.

Anciano: ¡Aún no sabes lo que es sentirse bien! El día de hoy empieza lo que seguirá mañana... Dios te va a bendecir con el más grande regalo que jamás puedas recibir...

Gillette: ¿El más grande regalo?

Anciano: Está expectante de lo que Dios hará hoy y mañana.

Se escucha que vienen los mismos maleantes de la escena 4.

Gillette: ¡Oh no! Soy ellos y ahora vienen armados. Ya me vieron vienen hacia acá. Esta vez no podré escapar.

Anciano: ¡No temas! Estás conmigo. Calla.

Llegan los maleantes y están en medio de ellos pero no pueden verlos.

Nero: Oye, ¿dónde se metió ese infeliz?

Memo: Estoy seguro que aquí estaba, ustedes lo vieron, ¿no es cierto?

Neto: Sí, yo también lo vi. ¡No es posible! Este es un lugar abierto, ¡No hay dónde esconderse. ¡No lo vi que corriera tampoco!

Luego se escucha un auto que viene a toda velocidad, frena violentamente y se detiene. Se escucha que se abre la puerta.

Anciano: Vamos, entra en el auto. Ya no te volveré a ver aquí.

Gillette sale del escenario y se escucha que se cierra la puerta y el auto se pone en marcha patinando las llantas. El anciano también se va y quedan los maleantes ahí hablando entre ellos.

Escena VI - La Confesión de Gillette

Escenario: el parque con la banca. Un mapamundi está volando y aparece Gillette persiguiéndolo.

Gillette: ¡Lo tengo! A ver vamos a ver… está Sudamérica… Europa… Australia.

Entra una niña.

Niña: Si quieres viajar por todo el mundo debes dejar de ser pordiosero porque no te van a dejar entrar a los países.

Gillette: ¿A sí? Y si les enseño un fajo de dinero.

Niña: Tú no tienes dinero, si tuvieras dinero no estarías aquí.

Gillette: Y qué tal si tan sólo estoy disfrazado de pordiosero y en realidad son un rico multimillonario.

Niña: Los ricos multimillonarios no andan persiguiendo mapas del mundo…

Gillette: Mira, te diré a donde he viajado… He ido a España… a Argentina… a Irlanda… ves esta isla aquí. Yo he estado ahí.

Niña: ¡Ah sí! Y además yo soy actriz de Hollywood, ¿verdad?

Gillette: Te voy a demostrar que yo he estado ahí.

Niña: ¿Cómo?

Gillette: Muéstrame tu zapato.

Niña: ¿Mi zapato? ¿Para qué?

Gillette: Tu zapato está hecho en la India.

Ella se fija en el zapato de ella y dice.

Niña: No sé cómo lo supiste.

Gillette: Muy sencillo. Ese tipo de horma se hace exclusivamente en la india. El diseño está patentado. Yo sé de eso. Ese era mi negocio y además estuve en la India.

Niña: ¡Sorprendente!

Yadira: ¡Ya te he dicho que no hables con extraños! ¡Niña! ¿Dónde te habías metido? ¡Te estaba buscando!

Gillette: Yo no soy un extraño.

Yadira: ¡Gillette!

Gillette: Ese soy yo el mismo.

Yadira: ¿Qué es lo que haces aquí?

Gillette: Ya lo sabes.

Niña: ¡Ella es mi tía! *(apuntando a Yadira).*

Yadira: Gillette. Te he estado buscando todo este tiempo, pero nadie sabía nada de ti. Parece como si te hubiese tragado la tierra.

Gillette: Pues no está muy lejos eso.

Yadira: No digas eso, Gillette.

Gillette: Yo pensé que ya estabas casada, no veo anillo de compromiso en tu mano.

Yadira: Gillette, tengo que decirte algo. Me avergüenza tanto decirlo.

Gillette: Sí, dime.

Yadira: En realidad, fui una insensata y no sabía valorar la vida. Me dejé llevar por la vanidad y eso era lo único que me importaba. Aunque en mi exterior soy bonita en ese tiempo era interiormente un monstruo. Si hubiera seguido así en realidad no sé hasta dónde hubiese llegado. Pero algo sucedió en mi vida.

Gillette: ¿Algo sucedió en tu vida? En la mía han sucedido ya tantas cosas…. Ya estoy francamente decepcionado.

Yadira: Pero lo que sucedió es que vino Jesús a mi vida.

Gillette: No comprendo. ¿Te hiciste religiosa?

Yadira: ¡No! Sucedió un milagro en mí.

Gillette: ¡Un milagro!

Yadira: Sé que tú no crees en los milagros.

Gillette: Antes no creía en los milagros. Pero últimamente me han estado sucediendo cosas que si las contara a alguien no las creería. Puedo decir que ahora sí creo en los milagros.

Yadira: Cristo llenó mi vida de paz, me dio alegría y tengo ahora seguridad eterna. Mira, te voy a explicar. La Biblia dice que nosotros somos pecadores y que ese pecado nos aparta de Dios. Eso es lo que hace nuestras vidas miserables y nos hace estar condenados por la eternidad. La Biblia dice también que necesitamos arrepentirnos de todo lo malo que hemos hecho y dejar que Jesús venga a nuestro corazón. ¿Recuerdas la historia de la crucifixión? ¿Qué significado tiene?

Gillette: En realidad no lo sé.

Yadira: Significa que Dios amó tanto al ser humano que no quiso que fuera condenado eternamente sino que tuviera vida para siempre y esa vida ha venido a nosotros cuando Cristo murió en nuestro lugar pagando la pena por nuestros pecados. Nosotros merecíamos morir pero Él tomó nuestro lugar. Ahora lo único que necesitamos hacer es aceptar su amor. Gillette, abre tu corazón a Cristo y déjalo entrar y hoy será el día más feliz de tu vida.

LAS MANOS DE CATALINA

Gillette: Tus palabras tienen algo especial, Yadira. Hace unos días conocí a un anciano que me dijo mi vida. Luego lo vi de nuevo ayer y me dijo que hoy sería el día más feliz de mi vida. Esto es sorprendente. Algo está sucediendo en mi corazón. ¿Por qué estoy llorando? Yadira me siento tan sucio.

Yadira: Eso es lo que me sucedió a mi Gillette. Exactamente lo mismo.

Gillette: ¿Qué es lo que debo hacer? Soy un enfermo moribundo *(empieza a toser)*, ya la enfermedad está mucho más avanzada creo que no llegaré a navidad. Y ciento que voy camino al infierno, Yadira. ¡Por favor, dime que hacer! ¿Tú sabes?

Yadira: No tengo mucho tiempo en el Señor pero si puedo ayudarte.

Gillette: ¿Cómo?

Yadira: Mira. Pídele al Señor que borre tus pecados con su sangre preciosa y que entre tu corazón, dile que lo reconoces a Él como tu único y suficiente salvador y el Señor de tu vida.

Gillette: *(se inca)* Señor, perdona mis pecados, entra en mi corazón. Te reconozco como el Señor de mi vida y como mi salvador. El único y suficiente salvador.

Yadira: ¿Qué es lo que sucede?

Gillette: Déjame estar a solas con Dios, tengo que estar aquí. Algo sorprendente está ocurriendo... no lo puedo entender pero es algo muy hermoso...

Yadira: ¡Gracias Señor! ¡Te alabo! Tú has escuchado mi oración. ¡Tú eres maravilloso!

Escena VII - El Milagro de Sanidad

Escenario: una casa adornada con motivos de Navidad.

Catalina: ¡Por fin ha llegado navidad! Es la época más feliz del Año.

Feliciano: Sí, amor, y más me alegra esta navidad porque estás con nosotros.

Catalina: Gracias, amor. Sé que tú estuviste orando y ayudando por mí.

Feliciano: No te imaginas cuanto, mi amor. Durante estos quince días no me despegué del piso llorando y clamando con todas mis fuerzas al Señor. Y no sólo yo, sino muchos otros de nuestros hermanos.

Catalina: El diablo quiso matarme. Yo vi en visión una ceremonia en donde planeaban cortarme las manos para luego dejarme desangrar y morir.

Feliciano: Esas manos que han sido instrumento de Dios para la sanidad de miles de personas.

Catalina: Pero el Señor se interpuso y envió a un joven para salvarme. Una persona que jamás en mi vida había visto. Pero así es Dios.

Feliciano: ¡Qué maravilloso es esto! mi amor.

Catalina: Por cierto hoy he invitado a ese joven y algo hay que Dios quiere hacer por él. Pero Dios aún no me lo ha revelado.

Feliciano: Amor, ya está todo preparado, nada más lo esperamos a él para empezar a comer.

Suena el timbre de la puerta. Es Gillette con Yadira.

Catalina: ¡Hola! ¡Qué privilegio y honor tenerles en casa!

Mira mi amor, él es Gillette, el joven instrumento de Dios para salvar mi vida.

Feliciano: ¡Bienvenidos! Pero si están en su casa. Ya está todo preparado, los estuvimos esperando. Amigo, no tengo palabras para agradecerle.

Gillette: No necesita agradecerme nada, más bien Dios fue quien lo hizo todo. *(Habla ya como que le falta aliento).*

Yadira: Es un placer para nosotros estar aquí.

Catalina: Pero, ¿qué le pasa a tu amigo, no le veo con las mismas fuerza que cuando le conocí?

Yadira: Es que….

Gillette: No se preocupe señora Catalina… es algo pasajero.

Catalina: Menos mal, ya iba a empezar a orar por usted.

Feliciano: ¿Usted ya invitó el Señor Jesucristo a entrar en su corazón?

Gillette: Si, hermano...

Catalina: ¡Qué torpe soy! Por la emoción de verle no les presenté. Gillette, este es mi esposo Feliciano.

Gillette y Yadira: Mucho gusto.

Yadira: Yo soy Yadira amiga de Gillette.

Feliciano: ¡Pues hoy en navidad! ¡Esta es la navidad más hermosa que me toca vivir!

Gillette: Gracias a Dios porque llegamos.

Catalina: ¡Pero que puedes decir tú muchacho, tú eres un joven, fuerte, lleno de vida! Te faltan muchos años todavía para tan sólo osar decir tales cosas.

Yadira: Señora Catalina es que Gillette…

Gillette: *(interrumpiendo)* Bueno es un decir... *(tosiendo con mucha fuerza).*

Catalina: Pero vamos son libres de servirse todo lo que quieran. No es una comida muy elegante quizá. Es tan sólo un pollito... no tuvimos dinero para pavo, pero es con todo el corazón muchachos.

Yadira: Sí, hermana, lo sabemos, Gillette hizo un esfuerzo muy grande en venir.

Catalina: ¿Por qué muchacho? No querías venir, verdad... di la verdad *(en tono de broma).*

Yadira: No es eso es que él...

Gillette: Tenía otro compromiso y era posible que no me alcanzara el tiempo... pero ahora estamos aquí, y nada entristecerá este momento maravilloso que pasaremos juntos.

Feliciano: Que sea la primera de muchas navidades que pasemos juntos.

Catalina: Y ¿qué tal la vida en el Señor, muchachos?

Gillette, Yadira: ¡Maravillosa!

Feliciano: Pues vamos a orar por los alimentos, les parece bien. Puedes dirigirnos Catalina.

Catalina: Claro que sí, oremos. "Señor creador del cielo y la de la tierra y todo cuando existe. Tú que nos formaste con tus manos, también nos alimentas todos los días. Comemos juntos hoy Señor, en este día de navidad. Gillette ha venido a acompañarnos. No importa que padezca esa enfermedad incurable porque tú lo sanarás el día de hoy. Tu mano poderosa le toca ahora. Porque Tú eres el mismo de ayer y hoy y por todos los siglos. No morirá sino que vivirá para contar todas tus maravillas. El poder de Dios está aquí...

Gillette se desploma y cae al piso. Catarina sigue orando por él.

Catalina: Reprendo espíritu de enfermedad. ¡Te vas ahora en el nombre de Jesús! ¡Vete y no vuelvas más! Levántese, hermano, el Señor lo ha sanado.

Yadira: Pero usted no sabía nada de esto.

Catalina: El Señor me lo reveló cuando estaba orando por los alimentos, hija…

Gillette: ¡Gloria a Dios! ¡Soy sano! *(Empieza a brincar y saltar).* ¡Cristo te alabo! ¡Mi fuerza ha vuelto! ¡Ya no soy un moribundo! ¡Esto es maravilloso! ¡Yadira... estoy sano!

Yadira: *(Notablemente feliz)* ¡Esto es maravilloso! ¡El Señor te ha sanado esta navidad! ¡Qué precioso es nuestro Jesús!

Catalina: ¿Comprendes ahora cual era el propósito de Dios con todo esto? ¡Todo era para glorificar su nombre!

Terminan todos saltando de gozo y glorificando el nombre del Señor en una fiesta de navidad maravillosa.

Fin de

"Las Manos de Catalina"

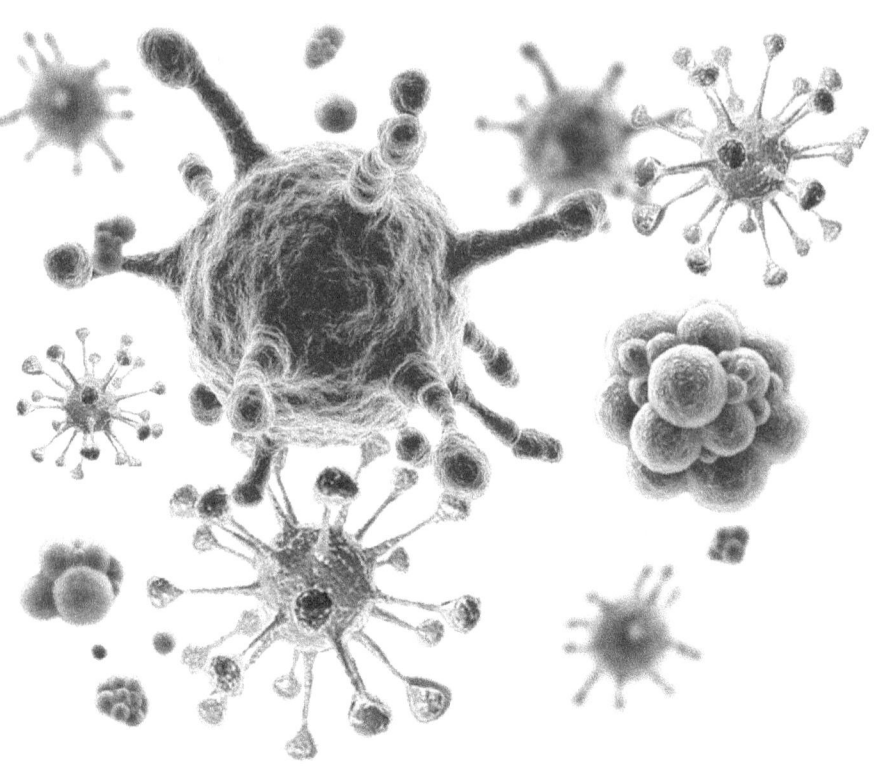

No Inmune

Instrucciones generales: Este *sketch* se desarrolla en un escenario que puede ser un parque o cualquier otro lugar abierto en donde Víctor y Tania –los personajes principales– puedan moverse, sentarse y cambiar de posición según sea el caso. Es muy importante que los actores pongan mucho entusiasmo y energía a sus personajes para dar vida a este *sketch,* puesto que, como es tan sólo una escena, podría resultar larga para los espectadores.

NO INMUNE

Víctor: El día es claro, parece que hoy no lloverá.

Tania: No te atengas a eso, va a llover, de seguro lloverá.

Víctor: ¿cómo es que estás tan segura de que lloverá?

Tania: Tú no sabes que las mujeres tenemos un sexto sentido… por cierto cuando llueva debes tener cuidado porque muchas veces anda algún virus cerca.

Víctor: En el pasado los virus mataban a la gente.

Tania: Hoy también.

Víctor: ¿A qué te refieres? Sabes de alguno.

Tania: Sé de muchos. De hecho hay muchos virus mortales.

Víctor: ¿Dónde encontrarlos? ¿Cómo matarlos? Yo sé que son microscópicos.

Tania: Los encontramos entre los congregantes de la iglesia.

Víctor: Pero, ¿no estábamos hablando de los virus que mataban el cuerpo?

Tania: Yo te hablo de los virus que matan el alma.

Víctor: Tómate un antidepresivo, ve a ver un psiquiatra. Estas cruzando temas.

Tania: Tan sólo observa.

Entran dos jóvenes platicando.

Nadia: ¿No sabes las nuevas noticas?

Patricia: ¡Ay Nadia! Tu siempre con tus cosas… a ver, ahora que.

Tania: Siempre hay alguien que inicia y el otro le sigue la corriente. Tanto el uno como el otro tienen el mismo espíritu, el mismo virus espiritual.

Víctor: Oh, ya entiendo.

Tania: Sigue observando.

Nadia: Sabías que el hermano Rigoberto le anda coqueteando a Rosa.

Jazmín: ¡No! Claro que no sabía… el hermano Rigoberto es una persona súper ejemplar. No puedo creer lo que me dices.

Nadia: ¿Bueno, quieres que te siga contando o no?

Jazmín: No... bueno. Nada más porque así me das más información para orar mejor por él.

Nadia: Si mira es que, el hermano Rigo da esa apariencia de que todo muy bien, pero yo he visto como le dirige una miradas bien cariñosas a la hermana Rosa. Y ya sé que no debo decir nada, pero por ahí andan diciendo que…

Tania: He aquí el claro ejemplo del chisme. Este es uno de los virus mortales para la iglesia. Crea graves problemas entre las personas y destruye las más hermosas congregaciones. Yo he visto como los hijos de Dios se alejan unos de otros sin razón verdadera, tan sólo por imaginaciones que el diablo puso en ellos.

Víctor: Ya entiendo. Pero dime cómo se puede matar ese virus.

Tania: Muy bien, veamos como esto podría remediarse…

Nadia: ¿Sabías que hay noticias?

Patricia: Claro que hay noticias. Son noticias maravillosas, que el Señor ha resucitado. Que Él es el Salvador. Que vive para siempre. ¿Encontraste alguna joya digna de admirarse y comprarse en la Biblia? Cuéntame.

Nadia: No, yo más bien iba a contarte…

Patricia: ¿Qué quieres contarme?

Nadia: Es del hermano Rigoberto…

Patricia: Si, el hermano Rigoberto es muy solicito en servir al Señor, un gran elemento...por cierto, cambiando de tema... quiero contarte del mensaje de este domingo; ¿si te fijaste en ese versículo que el pastor dijo...?

Víctor: Ya veo. Es una manera maravillosa por matar ese virus destructor.

Tania: Pero eso no es todo, mira quién viene aquí...

Christian: Amigo Felipe, no quiero ser negativo, pero no me gustan las bancas de la iglesia, ni las cortinas, ni el púlpito. Creo que esa es la causa porque la iglesia no se llena, cada vez veo menos gente. ¿No crees que la iglesia se acabe en este mismo año?

Ernesto: Pues yo no veo que la asistencia esté descendiendo, más bien creo que aumenta.

Christian: Mira, no podemos cerrar los ojos a la realidad, pues así estaremos más cerca de la solución. Yo creo que las cosas van a empeorar porque desde la raíz todo está mal. Por cierto la gente no tiene talento, ni siquiera sabe vestirse combinadamente. Mira, Ernesto, no vayas a creer que soy un pesimista, pero la verdad yo creo que nunca vamos a llegar a nada. ¡Es crítica constructiva, eh!

Víctor: Y cómo le llamas a ese virus.

Tania: Ese es el virus del negativismo. Gente que ve todas las cosas mal y que es pesimista hacia el futuro.

Víctor: ¿Existe algún antídoto para matar ese virus mortal?

Tania: Desde luego que sí, mira. Así es como se mata ese virus.

Christian: ¿No crees que la iglesia se acabe este año?

Ernesto: ¿Qué? ¡Oh, vamos! La iglesia del Señor es indestructible. Ya ves lo que dice la Palabra, que las puertas del infierno no prevalecerán contra ella. Sé que los miembros de todas las iglesias en el mundo, como lo dice el Apóstol Pedro, pasan por situaciones muy difíciles, pero tenemos de nuestro lado al Señor Jesús, Él ha prometido estar con nosotros todos los días. ¡Vamos Christian! Alégrate conmigo. Mira, vamos a comer algo, te invito. Ahí te voy a contar de todas las maravillas que el Señor está haciendo en la iglesia, ¿Quieres ir?

Christian: ¿En serio? ¿Me invitas a comer? Ese es un gran privilegio para mí. Muchas gracias… ya decía yo que la iglesia del Señor no se está acabando…

Tania: ¿Quieres ver más?

Víctor: ¡Pero ese virus que me acabas de mostrar es mortal! ¿Existen más?

Tania: Sí, lamentablemente existen más. Mira lo que sigue es especialmente común en las iglesias.

Idalia: ¡Ay marta, estoy ya muy cansada de trabajar en esta iglesia! No te has dado cuenta de que siempre somos los mismos los que trabajamos. Yo la verdad me gustaría darme un descansito.

Martha: Yo pensé que ese descansito ya te lo habías dado, no veo que participes en nada en la iglesia.

Idalia: ¡Martha, me ofendes! Tú no me viste de joven, no me veían ni el polvo.

Martha: Pues cómo si tan sólo tienes 25 años…

Idalia: Calla, Martha, no te vayan a oír, para todos tengo 22.

Martha: Además yo no recuerdo haberte visto exactamente así como dices. Pero a decir verdad yo también estoy ya cansada…

Idalia: El pastor quiere tenernos toda la vida haciendo tamales.

Martha: Eso la verdad es para otros tiempos, ahora pues uno tiene que invertir su tiempo en otras cosas más importantes… por cierto, ¿si viste los últimos capítulos de "La Dueña"?

NO INMUNE

Víctor: ¿Y ese virus como se llama?

Tania: Es el virus de la pereza. Es un espíritu malo que se apodera de los cristianos para que éstos no trabajen en la obra del Señor.

Víctor: ¿Y tiene algún remedio?

Tania: Claro que sí, Víctor, no te preocupes, para la gloria de Dios tiene remedio. Mira, te mostraré cual es el antídoto.

Idalia: ¡Ay marta, estoy ya muy cansada de trabajar en esta iglesia!

Martha: Idalia, tenemos un maravilloso plan de crecimiento y este es el mejor tiempo para dedicarnos al trabajo. Ya ves que la Palabra dice que no nos cansemos de hacer el bien y que él no es injusto para no pagarnos el trabajo de nuestras manos. Si lo hacemos ahora, el Señor nos dará más fuerzas para mañana.

Idalia: Pero que obtengo yo con eso Martha.

Martha: Idalia, quiero recordarte el mensaje de este domingo. El pastor hablaba de ese versículo que dice que todo el trabajo que hacemos es para el Señor mismo y que el Señor nos lo pagará. Por lo tanto no te preocupes de que no recibas nada por mano de algunos, el Señor se encargará de que seas galardonada por eso.

Idalia: Y que hay que hacer... ¿No se necesita mucho tiempo?

Martha: Acuérdate que si el Señor no te diera salud tuvieras que invertir el 100% de tu tiempo en un hospital, que él puede acórtate o alargarte la vida. Él tiene poder para eso, ya sabes el caso del rey Ezequías...

Tania: Ya sé que tú también tienes problemas con eso, es el virus de la pereza... ¿Víctor? ¿Víctor? ¡Víctor! ¿Por qué no me respondes?

Víctor está acostado sobre la banca con los ojos cerrados.

Luego que Tania le grita despierta sobresaltado.

Víctor: ¿Qué? ¿Cuándo? ¡No me comas monstruo! ¡Aléjate de mí virus gigante!

Tania: Víctor, estabas dormido. Ya sabía que tienes problemas con ese virus. Necesitas orar que el Señor te lo quite... mira, te enseñaré otro.

Víctor: Muy bien, estaré alerta.

Ricardo: Quiero hacerle una pregunta hermano Eduardo, tú que ya tienes tiempo en el Camino.

Eduardo: Usted dirá mi hermano.

Ricardo: ¿Por qué Moisés fue al desierto?

Eduardo: Pues porque lo andaba persiguiendo una mujer que le dijo que lo iba a matar. Me extraña mi hermano que no conozca la historia.

Eduardo: Hermano es que apenas tengo dos meses de que vengo al culto.

Ricardo: ¡Yo en dos meses ya me sabía toda la Biblia! Pero a ver, ¿tienes otra pregunta? aprovéchame que hoy estoy de oferta.

Eduardo: Donde está ese versículo que escuché en el tiempo de los testimonios... Ese que dice... "erráis ignorando las escrituras y el poder de Dios".

Ricardo: *(dice en voz baja)* ¿Apoco eso viene en la Biblia? Este, este... Hermano Eduardo, creo que tengo un ataque del enemigo, es un demonio que no me deja acordarme de los pasajes de la Biblia...

Tania: ¿Tú sabes dónde está ese versículo?

Víctor: ¡Claro Tania, está en Mateo 22:29!

Tania: No andas tan mal. El virus de la ignorancia es otro de los virus mortales de la iglesia. La Palabra nos dice que el pueblo de Dios perece por no tener conocimiento.

Víctor: Tania, Tania, mira, ¿esa quién es?

Reynalda: Pues así como le iba diciendo hermana Mary en realidad no puedo podemos permitir que esos impíos se apoderen de la iglesia.

Mary: ¿Qué quiere decir con eso hermana Reynalda?

Reynalda: Usted sabe, Dios quiere gente santa, no pecadores y la hermana que pusieron de presidenta viene de las drogas y hasta trae un tatuaje, ¿ya lo vio?

Mary: Pero el Señor...

Reynalda: Nada de que el Señor... ¡Dios quiere gente santa! *(empieza hablar en un tono tal estuviese llena de celo).* ¡Gente que ore, que esté realmente consagrada! Hermana Mary, no está usted para saberlo, pero le diré que yo oro todos los días a las 4 de la mañana y leo 30 capítulos diarios de la Biblia todos los días.

Mary: ¡Uau! Usted sí que es una mujer santa...

Reynalda: Pues para la gloria del Señor hermana...

Tania: El virus del fariseísmo destruye la iglesia porque hace que la gente vea las apariencias y busque ser alabada por otros.

Víctor: Ese virus me parece difícil de combatir. ¿Tendrá remedio?

Tania: Para el Señor todas las cosas son posibles.

Reynalda: Yo oro a las 4:00 am y leo 30 capítulos de la Biblia.

Mary: Yo quiero unirme a usted en la oración. Que le parece si iniciamos mañana. Vamos a orar porque el Señor nos dé más almas y que la presidenta sea ungida por el Señor.

Reynalda: ¿Mañana? Este… Este…

Tania: ¿Quieres que te siga mostrado? ¡Víctor! ¡Estás leyendo el periódico! Ponme atención.

Víctor: Es que estaba viendo la sección de los deportes. Sabes ¿cómo quedó el…?

Tania lo estira y le dice:

Tania: ¡Vamos, ahora te mostraré otro virus más! Deja ese periódico ahora no es tiempo de eso.

Calixto: Hermano Gregorio, ¿si sabes del nuevo programa de oración que anunció el pastor?

Gregorio: ¿Cuál programa?

Calixto: Si, hermano, lo acaba de anunciar. Me parece extraño que no lo hayas escuchado.

Gregorio: Pues la verdad no me interesa mucho los programas de la iglesia, yo no tengo tiempo para eso, que se conforme el pastor con que vaya a la iglesia los domingos en la mañana.

Calixto: Pero es para tu propio beneficio hermano…

Gregorio: Por cierto cuando estoy en la iglesia aprovecho para ordenar mi agenda.

Calixto: ¿Agenda? Yo más bien te he visto platicando con el de alado y jugando con el celular.

Gregorio: ¡Ups!

Víctor: Y ese virus, ¿cómo se llama?

Tania: Es uno de los virus más difíciles de erradicar de un corazón. Es la indiferencia. Ya que se ha introducido en un corazón lo arrastra a la tibieza espiritual y esto es unas de las cosas más detestables ante el Señor.

NO INMUNE

Víctor: ¡Debemos hacer algo antes de que ese virus mortal siga avanzando!

Tania: Veamos si el Espíritu Santo tiene alguna solución para eso.

Gregorio: Es que la verdad no me interesa mucho eso…

Calixto: Quizá no te guste mucho lo que te diré pero si no te interesan las cosas del Señor el Señor tampoco se interesará en las tuyas. Voy a orar por que el Espíritu Santo despierte tu interés. Pero quiero decirte que los métodos del Señor no siempre son muy agradables para nosotros.

Víctor: ¡Qué espantoso! ¡Ya estoy empezando a traumarme con tanto virus! Por favor, no me digas que hay más.

Tania: Hay muchos más pero te mostraré otro. Este es especialmente mortífero.

Víctor: ¿Cómo se llama?

Tania: Ten paciencia. Mira, ahí vienen unos hermanos. Escucha y entenderás como se llama ese otro que quiero mostrarte…

Marina: Ya sabes que estará el Buki aquí en Monterrey.

Carla: ¡Ay ya se! ¡Es un cuero! Ya van varios días que lo sueño que estamos abrazados y que me canta sus canciones al oído.

Marina: Pues si quieres vamos hoy a comprar los boletos.

Carla: ¿A comprar los boletos? ¿De qué estás hablando? Yo ya los compré, de hecho compré también para ti, me acordé de que ese día es tu cumpleaños. También irá con nosotros una prima que viene de Houston ese día.

Marina: ¿En serio? ¡Oh, qué emoción! Es el jueves…. si lo tengo bien marcadito en el calendario…

Se acerca otra persona que va pasando.

Wendy: ¡Hey, hola chicas! ¿Ya están listas para la semana juvenil la próxima semana?

Marina: ¡Claro! Estamos puestísimas. Ese joven evangelista que va a venir… ¿sabes si es casado?

Wendy: Pues creo que no. Pero ya él nos va a platicar de ese tema… Carla, por cierto, quiero que participes el jueves…

Carla: ¿El Jueves? ¡Carambas! Pues sabes que ese día no puedo.

Wendy: Que lástima. Pero ¡cómo que no puedes! ¿Pues qué tienes que hacer que sea más importante que nuestra fiesta anual?

Carla: Pues voy a ir con Marina a hablarle de Cristo a una prima que viene de Houston y ese es el único día que viene, el vienes en la mañana se va. Queremos aprovechar para hablarle del Señor antes de que parta. Ya la invitamos a un café precisamente el jueves por la noche.

Marina: ¡Sí! Ya sabíamos que ese día era el de la semana juvenil, pero es que mi prima no viene seguido, ya sabes…

Wendy: ¡Ah ya sé! ¡Podrían invitarla al culto!

Marina: No, pero es que ya quedamos con ella, además a ella no le gustan los servicios cristianos.

Carla: pero vamos a venir los otros días.

Wendy: Muy bien, pues siendo así, creo que por esta vez está bien, pero entonces ¿participas el vienes?

Carla: Con justo Wendy. Dime que es lo que quieres que haga y lo haré para la gloria del Señor, ya sabes que a mí siempre me ha gustado servir al Señor con sinceridad.

Víctor: ¡A eso yo le llamaría hipocresía!

NO INMUNE

Tania: ¡Hey! ¡Esta vez atinaste!

De pronto Tania desaparece.

Víctor: ¿Tania? ¿Tania? ¿Dónde estás?

Entra un chico vendiendo periódico.

Vendedor de periódico: ¡Extra! ¡Extra! ¡Miles de personas en el mundo desaparecen misteriosamente en un sólo instante! ¡Extra, religiosos hablan del cumplimiento de una profecía dicha por Jesús! ¡Extra! ¡Extra!

Víctor: ¿Qué? A ver chavo, véndeme uno de esos.

Víctor: *(Víctor empieza a leer el periódico)* ¡Oh no! El Señor Jesús vino por su iglesia. Y yo… ¡oh, no! *(Llora hincando con las manos sobre el rostro).*

Fin de

"No Inmune"

OTROS LIBROS PUBLICADOS POR EL MISMO AUTOR

Evangelice con Dramas II

Torne su mundo a Dios usando una de las más poderosas estrategias conocidas. No sólo logrará que muchos vengan a las plantas del Señor, sino que involucrará a niños, jovenes y adultos en esta tarea tan sagrada. Los dramas escritos en este libro son obras de teatro profesionales que atraerán grandes auditorios y embelezarán a toda la familia, al dejar caer la semilla del precioso evangelio.

Evangelice con Dramas III

Este libro es la continuacion a dos previos, con dramas completos en tres temas principales: Navidad, Semana Santa y Misiones. La serie "Evangelice con Dramas" da la oportunidad de potencializar el talento de toda la iglesia, en tanto emociona su simple lectura particular. Los argumentos de cada historia han sido probados con gran éxito en grandes auditorios y no tienen limitaciones culturales.

Mi Mini-manual de Identidad en Cristo

Descubra las más poderosas ideas que se hayan escrito sobre lo que somos en Cristo en un libro breve y conciso. Somos salvos, sanos, santos, libres, fuertes, inteligentes, sabios, reyes, herededos, sacerdotes, administradores y vencedores. Este libro cambiará su vision acerca de lo que Dios dice de usted con ejemplos y argumentos que safisfarán su mente y espíritu.

Las Raíces del Temor

¿Por qué tememos? ¿Cuáles son las raíces psicológicas y espirituales de los temores humanos? ¿Cuáles son los temores más comunes? ¿Cuál es la solución más practica? Éstas y muchas otras preguntas son respondidas en este libro compilado en más de diez años de investigación diligente. Descubra las respuestas sobre este tema tan actual en nuestro mundo de hoy.

Llamas que Atraen

Enriquezca su imaginación y refuerce su conocimiento con el mejor español del mundo al leer una novela que le hará reir, llorar y hasta en ocasiones estar en suspenso. Deleite su intelecto con un libro totalmente sano, escrito por un autor de convicciones cristianas profundas. La novela cuenta la historia de un joven librado de la muerte, Miguel, quien, aunque tuvo un encuentro con el Todopoderoso, luego se desvió por un sendero muy oscuro. Le interesará leer sobre su peor enemigo y las historias de amor que guiaron a todos los personajes.

www.ingramcontent.com/pod-product-compliance
Lightning Source LLC
Chambersburg PA
CBHW050557300426
44112CB00013B/1960